Christine Steudle

MASTERPLAN

Sein Wille geschehe?

3. überarbeitete Auflage

Illustration Cover: © Nataliia Natykach/123rf.com

Ganz + Gar · Verlag Christine Steudle · 72584 Hülben · www.ganzgar.com

In Gedenken an Hubert.

1

Für eine Millisekunde schien alles in Ordnung zu sein, als Marietta langsam aus ihrem Schlaf zurück in ihr Leben dämmerte. Doch schon einen winzigen Augenblick später traf sie die Erinnerung an die Realität mit der Wucht eines vorbeiratternden Güterzugs: Er ist tot. Weg. Fort. Für immer. Eine Welle der Übelkeit überkam sie und sie richtete sich in ihrem Bett auf, um frischen Sauerstoff in ihre Lungen pressen zu können. Sie atmete tief ein und versuchte sich zu beruhigen. Noch hatte die Trauer nicht eingesetzt. Zunächst befand sie sich in den sicheren Armen des gefühlsisolierenden Schockzustands. Zu frisch war die offene Wunde, die in ihrem Herzen klaffte. Noch hatte der Schmerz sie nicht vollständig ergriffen und für ein technisches K.O. gesorgt. Noch nicht. Doch tief in ihrem Innern wusste sie, dass da noch viel Schreckliches auf ihre Gefühlswelt wartete, aber daran wollte sie jetzt nicht denken. Das alles war jetzt noch nicht dran. Erst hatte sie noch einiges zu erledigen.

Plötzlich bemerkte sie, dass ihr Wecker die ganze Zeit vor sich hin piepste. Marietta war so sehr in sich selbst versunken gewesen, dass sie ihn gar nicht registriert hatte. Sie gab ihm einen unfreundlichen Schlag mit der flachen Hand auf die Schlummertaste und legte sich noch einmal hin. Vorsorglich hatte sie am Vorabend den Wecker gestellt, falls es ihr wider erwarten doch noch möglich wäre, nach diesem Tag ein Auge zu zu bekommen. Und ihre Vorsorge schien sich jetzt auszuzahlen. Schließlich warteten heute eine Menge Termine. Sie schloss die Augen, als könnte sie damit die Grausamkeit der Wahrheit aus ihrem Inneren ausblenden. Aber kaum hatte sie die Augen geschlossen, holten sie die Bilder der vergangenen Tage unbarmherzig ein. Sie befand sich sofort wieder auf der Intensivstation der Uniklinik am Bett ihres Vaters. Er sah erschreckend aus: Seine Haut hatte eine starke Gelbfärbung und auch seine glasigen Pupillen waren umringt von ungesundem Gelb. Es ging ihm schlecht. Sehr schlecht. Das Atmen fiel ihm schon schwer und Fieber hatte seinen ganzen Körper erfasst. Eine Sauerstoffmaske sollte ihm das Atmen erleichtern und machte ihm gleichzeitig das Sprechen unmöglich. Es brach Marietta fast das Herz ihren Vater so daliegen zu sehen. Er, der er immer ihr starker Fels in der Brandung gewesen war, lag nun regungslos da und schien sich vor ihren Augen aufzulösen.

Das ständige Piepsen der Apparate hämmerte in ihrem Kopf, wie ein Presslufthammer, der die Asphaltschicht einer Straße zu durchdringen versuchte. Marietta fühlte sich elend, hilflos und allein, obwohl sich ihre Mutter ebenfalls im Zimmer befand. Die Zeit wurde knapp, das wusste sie. Und eigentlich wusste sie zu dem Zeitpunkt auch schon, dass der ‚Point-of-no-Return' längst überschritten war. Aber sie wollte es sich noch nicht eingestehen. Nein, sie *konnte* es sich noch nicht eingestehen. Sie wäre sonst in sich zusammengeklappt, wie eine Marionette, deren Spielkreuz schlagartig losgelassen wurde. Noch durfte sie nicht aufgeben. Sie musste durchhalten. Für ihre Mutter. Für ihren Vater. Für sie selbst. Mit aller Kraft zwang sie sich, ihre Tränen zurückzuhalten und ihren Papa mit einem zuversichtlichen Lächeln liebevoll anzublicken. Er versuchte dasselbe und die Grimasse, die bei diesem Versuch sein Gesicht verzerrte, brachte ihr Innerstes fast zum Zerbersten. Doch sie hielt tatsächlich durch. Sie war ein tapferes Mädchen. Und ein starkes dazu. Sie musste schon immer stark sein.

Von ihrer Mutter konnte und durfte sie sich keine große Hilfe erwarten. Marietta liebte ihre Mama wirklich sehr. Sie war die herzlichste Frau und hingabevollste Mutter, die man sich vorstellen konnte. Aber das Gemüt von Gloria Helmig war eben auch mindestens genauso zart, wie ihr Herz groß war. Nach einer schweren Kindheit und Jugendzeit, war es kaum verwunderlich, dass sie immer wieder ihre geschundene Seele in therapeutischen Einrichtungen aufpäppeln lassen musste. Marietta kannte es nicht anders. Sie war damit aufgewachsen, dass sie ab und zu auf die Fürsorge ihrer Mutter verzichten musste. Das war wohl auch der Grund, warum die Beziehung zu ihrem Vater eine so besondere war. Er war ihre Festung, ihr Fixstern und ihr Zufluchtsort. Und jetzt musste sie mit ansehen, wie all das in sich zusammen fiel, wie die Fragmente eines verbrannten Stück Papiers.

Zwar hatte sie in ihrem Leben schon einmal den Tod eines Menschen erleben müssen, aber als ihre Großmutter im stolzen Alter von 93 Jahren starb, war deren Demenz bereits so fortgeschritten, dass sie ihre engsten Verwandten längst nicht mehr erkannt hatte. Im Grunde war es ein Sterben auf Raten gewesen und sie alle hatten sich schon in den voraus gegangenen Monaten von ihr verabschiedet. Außerdem hatte sie ihre Oma zwar gemocht, aber es gab keine starke Bindung zu ihr. Und schließlich konnte sie sich damit trösten, dass es eine Erlösung für die schwache, alte Frau gewesen war.

Zu den Eltern ihrer Mutter hatte es nie einen Kontakt gegeben und ihr Großvater väterlicherseits war nicht mehr aus dem Zweiten Weltkrieg zurückgekehrt. Eine Beziehung gab es nur zu der Schwester ihres Vaters, Annedore, deren Ehe mit Onkel Kilian leider kinderlos blieb. Die beiden wohnten nur wenige Straßen weiter und hielten guten Kontakt zu ihnen, aber dennoch beschränkte sich ihre eigentliche Familie auf den winzig kleinen Kreis von drei Personen. Und nun würde dieser Kreis langsam, aber unaufhörlich zerbröckeln, wie die Fassade einer ostdeutschen Plattenbausiedlung. Und der Tod ihres Vaters würde für sie die Entfernung eines Teils ihres Herzen bei vollem Bewusstsein bedeuten.

2

Sie hatte bis zuletzt gehofft, es würde sich eine Spenderleber für ihren Vater finden. Wie in diesen Krankenhausserien, in denen die Patienten vom Sterbebett auf den OP-Tisch übersiedelt werden, um die lebensrettende Transplantation eines eben erst angekommenen Organs in letzter Sekunde durchführen zu können. Nachdem der Arzt die Angehörigen über den Erfolg des Eingriffs unterrichtet hat, liegen sich alle weinend in den Armen. Genauso wollte sich Marietta ihre nahe Zukunft auch gern vorstellen. Aber mit den Stunden, die verrannen, sammelte sich in ihr die Gewissheit, dass ihre Geschichte so ganz anders verlaufen würde. Und sie sollte recht behalten. So was von recht.

Gestern Nachmittag, am 5. Mai um 14:48 Uhr hörte das Herz ihres geliebten Vaters auf zu schlagen. Die Ärzte hatten ihrer Mutter und ihr schon vorher erklärt, er wäre bereits hirntot. Aber das konnte und wollte Marietta nicht verstehen und noch weniger akzeptieren. Sie hielt seine Hand bis zum bitteren Ende.

Merkwürdigerweise, war dieser hochemotionale Moment nicht so angsteinflößend, wie sie es erwartet hatte. Im Gegenteil. Es war auf eine bizarre Art und Weise sogar irgendwie tröstlich und friedlich gewesen. Sie verspürte eine innere Ruhe, wie sie sie seit vielen Wochen nicht mehr gekannt hatte. Das sonst so vom Leiden gekennzeichnete Gesicht ihres Vaters hatte einen völlig entspannten, ja fast seligen Ausdruck. Kurz bevor er seinen letzten Atemzug tat, öffnete er noch einmal seine Augen, blickte zur gegenüberliegenden Wand und Marietta hätte schwören können, dass so etwas wie ein Lächeln über sein Gesicht gehuscht sei. Es war, als ob er jemanden gesehen hatte, dessen Antlitz ihm sagte, dass alles gut ist. So hatte sich sein ganzer Körper entspannt und er hatte diese Welt ganz sachte und leise verlassen. Er hatte Marietta verlassen.

Sie war unendlich traurig darüber, aber irgendwie spürte sie auch einen inneren Frieden und sie erinnerte sich, was ihr Vater ihr vor wenigen Tagen erzählt hatte. Damals, als er noch sprechen konnte. Es fiel ihm zwar nicht leicht, aber er konnte sich klar und verständlich ausdrücken, als er Marietta Unglaubliches berichtete: Er habe „gesehen, wohin er gehen würde", und "es sei für ihn völlig okay zu sterben".

"Marietta, du bist ein großes Mädchen", hatte er zu ihr gesagt, "versprich mir, dass du nicht zu traurig bist. Ich gehe zum Herrn Jesus Christus und dort ist es wundervoll. Vergiss nicht, wenn man das wahre Leben hat, lebt man, auch wenn man stirbt. Hab keine Angst, vertrau Jesus. Dann werden wir uns wiedersehen. Das verspreche ich dir."

Das waren eigentlich die letzten wirklichen Worte, die sie mit ihrem Vater gewechselt hatte.

Danach war ihm das Atmen immer schwerer gefallen und er konnte sich immer weniger verständlich machen. Aber Marietta verstand ihn auch ohne Worte. Sie spürte, dass er bereit war zu gehen. Sie war zwar eigentlich noch nicht bereit, ihn gehen zu lassen, aber er schien so gelöst zu sein. Er war ein tief gläubiger Mensch und das beeindruckte sie sehr. Und auch, wenn sie seine Geschichte mehr oder weniger für ein Zusammenwirken von Wunschdenken und starken Medikamenten hielt, tröstete es sie. Sie wusste, eigentlich wollte er gar keine Transplantation, aber hätte sich noch ein Spenderorgan gefunden, Marietta hätte ihn sicherlich dazu überreden können. Ihr zuliebe. Und für ihre Mutter.

Vielleicht war es ja auch besser, dass sie zu dieser Entscheidung gar nicht erst gezwungen wurden. Aber darüber konnte und wollte sie im Moment nicht nachdenken. Sie war zu verletzt und verwirrt.

Warum hatte Gott das zugelassen? Warum ihr Vater? Er war ihm doch seit vielen Jahren ein so treuer Nachfolger gewesen. Warum behandelte Gott seine eigenen Leute so? Warum rettete er so viele schlechte Menschen und ihren Vater, der so gut war, ließ er einfach sterben?

Sie sprang von ihrem Besucherstuhl auf, als hätte sie irgendein tropisches Insekt gebissen. Sofort kam ihre Mutter besorgt in einem großen Bogen um das Krankenbett auf sie zu. Sie spürte die Blicke der Krankenschwestern und -pfleger und sah betreten zu Boden. Ein Arzt kam zu ihnen herüber und erkundigte sich, ob sie in Ordnung wäre. Sie nickte nur. Ein Ton wollte einfach nicht aus ihrer Kehle entfleuchen. Aber der Arzt verstand sie auch so und gab ihnen noch ein paar Minuten, während er den Totenschein ausfüllte. Danach war die Schonzeit vorbei: Sie mussten die persönlichen Sachen ihres Vaters zusammenpacken und dann die Heimfahrt antreten. Dieses Mal würden sie nicht wieder kommen.

Marietta blickte nicht zurück, als sie mit zwei weißen Krankenhaustragetüten bepackt durch die große Eingangshalle der Klinik schritt. Ihre Mutter zog den schwarzen Reisetrolley hinter sich her, mit dem ihr Vater vor wenigen Wochen in die Klinik gekommen war. Sie sprachen kein Wort miteinander. Zu sehr war wohl jeder mit seinen eigenen Gedanken beschäftigt, als sie durch die Glas-Drehtür ins Freie gelangten. Marietta hoffte nur, dass sie nie wieder ein Krankenhaus betreten müsste.

Sie erklärte ihrer Mutter kurz, dass sie warten solle, bis sie das Auto vorfahren würde und rettete sich schnell in ihren koreanischen Kleinwagen. Kaum hatte sie die Tür zufallen lassen und sich vergewissert, dass sie niemand sehen konnte, brach sie weinend in sich zusammen. Sie wurde minutenlang von Weinkrämpfen geschüttelt, ehe sie in der Verfassung war, ihren Wagen zu starten. Schnell wischte sie mit einem Papiertaschentuch die Tränen aus ihren rotverquollenen Augen und putzte sich gründlich die Nase, ehe sie die kurze Strecke zum Klinikportal vorfuhr, um ihre Mutter einsteigen zu lassen.

Während der gut halbstündigen Fahrt lenkten sich die beiden Frauen mit geschäftigen Gesprächen ab. Sie redeten darüber, was sie jetzt alles zu erledigen hatten. Die Pläne, die sie zwangsläufig schmieden mussten, hielten sie zum einen vom Nachdenken und zum anderen vom gegenseitigen Gefühlsaustausch ab. Marietta war schon ein bisschen stolz auf ihre Mutter. Sie schlug sich sehr tapfer. Insgeheim hatte sie das nicht erwartet. Im Gegenteil. Sie hatte ein wenig Angst davor gehabt, ob Mama das durchstand. Aber noch war von einem Zusammenbruch nichts zu spüren. Leider regte sich in Marietta eine traurige Gewissheit, dass das nicht sehr lange so bleiben würde.

Zuhause angekommen, half sie ihrer Mutter, die Sachen ihres Vaters die vier Stufen zum kleinen Einfamilienhaus der Helmigs hinauf zu tragen. Umständlich kramte Gloria ihre Hausschlüssel aus ihrer chicen schwarzen Handtasche. Es schien eine endlos lange Zeit zu dauern, bis die schwere Eichen-Haustür aufschwang und den Blick in die etwas düstere Diele frei gab. Und auch wenn Marietta bereits tausende Male den Weg zum Wohnzimmer beschritten hatte, war ihr als würde sie ein vollkommen fremdes Haus zum ersten Mal betreten.

Alles war jetzt anders. Das Zuhause – ihr Zuhause – war für immer verloren. Jetzt war es nur noch das Haus ihrer Mutter, in dessen Einliegerwohnung sie seit geraumer Zeit Zuflucht gefunden hatte. Sie verspürte den übermächtigen Drang alleine zu sein, aber sie spürte auch, dass sie ihre Mutter jetzt unmöglich sich selbst überlassen konnte. Sie setzte sich an den etwas in die Jahre gekommenen Esszimmertisch und zwang sich zu einem freundlichen, aber unverbindlichen Gespräch über die Personen, die sie jetzt anrufen mussten.

Robert Helmig war ein sehr beliebter Mann gewesen und entsprechend war auch die Anteilnahme der vielen Freunde und Bekannten groß, seit sie von seinem schlechten Zustand erfahren hatten. Die Nachricht von seinem Tod würde schnell die Runde machen und so galt es, die Angerufenen strategisch klug auszuwählen, um niemanden vor den Kopf zu stoßen. Die Verwandtschaft sollte den absoluten Vorrang erhalten und danach mussten und wollten sie die engsten Freunde unterrichten, die sich so zahlreich und mit großem Mitgefühl an der Wache am Krankenbett von Robert beteiligt hatten.

Seine Glaubensgeschwister hatten viel für ihn und mit ihm gebetet. *Aber genutzt hatte es ihm gar nichts*, musste Marietta verbittert denken, bevor sie auf einen Zettel die Telefonnummern der Personen notierte, die sie informieren sollte. Nachdem die Aufgaben in Form von Telefonaten gerecht aufgeteilt waren, konnte sich Marietta endlich mit gutem Gewissen in ihre eigene Wohnung verabschieden.

Zielstrebig schritt sie die innen liegende Treppe hinunter, die in ihre kleine, aber gemütlich eingerichtete Zweizimmerwohnung führte. Seit nunmehr zwei Jahren, hatte sie sich hier eingerichtet. Und was eigentlich als kurzfristige Übergangslösung gedacht war, hatte sich zwischenzeitlich zum praktischen Dauerzustand entwickelt. Dafür war Marietta inzwischen sehr dankbar. So hatte sie die letzten Monate im Leben ihres Vaters intensiv nutzen können, um mit ihm viel Zeit zu verbringen. Dadurch hatte die Trennung von ihrem langjährigen Freund Arne doch auch etwas Gutes bewirkt. Wenngleich sie dies in der ersten Zeit durchaus nicht ganz so positiv sehen konnte. Aber mittlerweile war sie über ihre große Liebe gut hinweg gekommen. Über der Narbe ihres gebrochenen Herzens hatte sich in den letzten zwei Jahren wieder eine dünne Hautschicht gebildet, die mit der Zeit auch schon wieder etwas belastbarer zu sein schien. Auch in dieser schweren Zeit hatte ihr Vater ihr zur Seite gestanden.

Zwischen Marietta und Robert Helmig bestand eine ganz besondere Verbindung. Sie verstanden sich ausgesprochen gut. Sie waren Seelenverwandte und manchmal kam es Marietta sogar vor, als ob ihr Vater überhaupt der einzige war, der sie wirklich verstehen konnte.

Nachdem sie Arne Karminski kennen gelernt hatte, glaubte sie für eine kurze Weile, er verstünde sie ebenfalls. Aber nach fünf Jahren Beziehung war dieser Traum ausgeträumt und einer traurigen Erkenntnis des besseren Wissens gewichen. Was für sie als Romanze begann, hatte sich nur wenige Jahre später zu einer Tragikkomödie entwickelt, über die sie sich – wäre sie nicht selbst unmittelbar beteiligt gewesen – sicherlich köstlich amüsiert hätte. Aber als eine der Hauptfiguren war ihr natürlich ganz anders zumute.

Dabei hatte sie Arne einmal für das ganz große Los gehalten. Mit 27 Jahren wurde ihr Single-Dasein zunehmend zur Belastung. Seit Jahren sank ihr Selbstwertgefühl immer mehr in die Bereiche, die Jules Vernes bei seiner Reise zum Mittelpunkt der Erde beschrieben hatte. Und jedes Jahrgangstreffen endete mit mitfühlenden Blicken, wenn sie sich noch immer nicht an der Verlobungsring-Hochzeitsfoto-Babygalerie-Präsentation ihrer alten Weggefährten beteiligen konnte. Dabei bemühte sie sich wirklich sehr. Doch nach gefühlten zweihundertachtundvierzig Dates, die alle ungefähr so unterhaltsam waren wie eine Magenspiegelung unter Kurznarkose (und aus eigener Erfahrung wusste Marietta, dass die dabei verwendeten Beruhigungsmittel um ein vielfaches mehr euphorisieren konnten als jede einzelne ihrer Verabredungen), war nicht nur ihr Realitätssinn geschärft, sondern ganz nebenbei auch noch ihre Ansprüche langsam auf das Niveau einer Legehenne gesunken.

Schließlich war sie sich bewusst, dass sie nicht gerade zu den Topanwärterinnen bei einer Model-Casting-Show gehörte. Dazu hatte sie eindeutig zu viele Speckröllchen an Bauch, Hüfte und Po zu denen sich noch ein paar Verwandte an Armen und Beinen hinzugesellten. Ihr rundlich-freundliches Gesicht war zwar ganz in Ordnung, aber ihre etwas widerspenstigen braunen Locken, die sie ungefähr in Schulterlänge trug, hatte noch kein Friseur zu einem wirklich vorteilhaften Rahmen frisieren können. Somit hielt sie ihre Gesamterscheinung für eher unterdurchschnittlich.

Vor diesem Hintergrund war Arne für sie ein geradezu anbetungswürdiger Supermann. Gut, er sah zwar nicht wirklich umwerfend aus, aber er war eben auch nicht ganz und gar hässlich. Für Marietta war er schlicht und einfach *der* Traummann. Sie betete den Boden an, auf dem er ging. Nur leider sah das Arne ganz genauso. Er selbst fand sich sogar noch anbetungswürdiger und wahrscheinlich tat er das sogar heute immer noch. Wenn es ginge, hätte er ganz sicher Kinder mit sich selbst. Aber das hielt Marietta nicht im Geringsten davon ab, nach einer ultrakurzen Kennenlernphase eine feste Beziehung mit ihm zu beginnen. Vielmehr bemerkte sie diese Selbstverliebtheit die ersten Monate – wahrscheinlich sogar Jahre – nicht einmal. Wenn irgendjemand einen wissenschaftlichen Beweis bräuchte, dass Liebe blind macht, dann sollte er wirklich mal zum Zwecke der Verhaltensforschung bei Marietta Helmig vorbeischauen. Dies würde die Sozialpsychologie revolutionieren.

Schon nach ein paar Wochen gab sie ihre kleine Wohnung auf und zog mit Sack und Pack in Arnes modern eingerichtetes Loft, das den Eindruck erweckte, Tine Wittler oder sonst ein Eigenheimverschönerungsteam eines x-beliebigen Privatfernsehsenders wäre eben erst zur Tür rausgegangen.

Ihr Leben schien endlich seinen Höhepunkt zu erreichen und fortan verpasste Marietta kein Treffen mit irgendwelchen Schul-, Studien- oder sonstigen Kameraden mehr. Endlich konnte auch sie mitreden und mitpunkten. Das kostete sie genüsslich aus. Sie wollte jede freie Minute mit Arne verbringen. Zugegeben schwang in diesem Wunsch auch ein wenig die Angst mit, er könnte irgendwann eine Frau kennenlernen, die besser zu ihm passte. Eine Frau, die mehr zu bieten hatte als Marietta. Denn dass sie nicht auch nur ansatzweise gut genug für Arne war, davon war Marietta von Anfang an überzeugt. Dieses Gefühl wurde sie während der ganzen Zeit nicht los. Nicht dass Arne in irgendeiner Form sie vom Gegenteil zu überzeugen versuchte. Er schien ganz ähnliche Gedankengänge zu haben und zögerte auch nicht, ab und zu eine entsprechende Andeutung in seine meist umfangreichen Ausführungen einfließen zu lassen.

Also blieb Marietta nichts anderes übrig, als ihre Unzulänglichkeit mit viel Engagement und ganzem Körpereinsatz zu überspielen. Und eine ganz ansehnliche Zeit lang klappte das auch erstaunlich gut. Sie waren nie länger als vierundzwanzig Stunden voneinander getrennt. Arne wurde in einer unnachahmlichen Weise umsorgt. Marietta war Mutter, Freundin, Sportpartnerin und Geliebte in einer Person. Sie meisterte das alles mit einer Kondition und Souveränität, die jeden afrikanischen Marathonläufer dagegen kurzatmig wirken ließ.

Doch eines Tages begannen die sorgsam geknüpften Beziehungsbande spröde zu werden: Arne versuchte, die Fesseln ein wenig zu lösen. Er begann sich der immerwährenden Zweisamkeit langsam aber stetig zu entziehen. Und es gab nichts, was Marietta dagegen hätte tun können. Irgendwann gestand sie sich ihre Hilflosigkeit ein und begnügte sich mit einer Statistenrolle in ihrer Beziehungsgeschichte. Und natürlich passierte genau das, wovor sie sich am meisten gefürchtet hatte. Ob es sich um eine selbsterfüllende Prophezeihung handelte, vermochte sie nicht einzuschätzen und es war ihr auch egal. Jedenfalls erklärte ihr Arne an einem Mittwochabend, dass er sich von ihr zu sehr eingeengt fühlte und kaum mehr atmen könnte. Er bräuchte einfach mehr Freiraum, um wieder er selbst zu sein. Und so weiter. Und so fort. Irgendwann hörte Marietta gar nicht mehr hin. Zu sehr war sie darum bemüht, ihre Fassung und damit das letzte Stück Würde zu bewahren.

Dann war sie ausgezogen. Zurück zu ihren Eltern. Na ja, wenigstens hatte sie dort eine eigene Wohnung und musste sich nicht mit ihrem Jugendzimmer begnügen. Und sie musste keine Miete bezahlen. So befand sie sich mit 32 Jahren fast genau dort, wo sie Anfang 20 mit ein paar Habseligkeiten und ganz großen Träumen ihre Reise in ihr Erwachsenenleben mit der ersten eigenen Wohnung begonnen hatte. Es war demütigend gewesen, aber so war eben der Lauf der Menschheitsgeschichte. Auf Dauer hätte sie den Schutzwall um ihre Beziehung sowieso nicht aufrechterhalten können. Das hatte bei der DDR mit ihrer antikapitalistischen Mauer auch nicht wirklich funktioniert. Deren politische Stabilität war 1989 wohl vergleichbar mit der Verfassung der Beziehung zwischen Arne und Marietta und auch die Zukunftsperspektiven waren offensichtlich ähnlich geartet. Urplötzlich war dann auch beides nur noch Geschichte. Und um dem komödiantischen Anteil dieser Geschichte auf ein guinessrekordverdächtiges Niveau zu hieven, war Arne mittlerweile mit einem Fleisch gewordenen Männertraum namens Peggy zusammen, die ihm mit ihren weiblichen Reizen und ihrer lockeren Lebensweise ein deutliches Kontrastprogramm zu Marietta zu bieten schien.

Mit einem lauten Seufzer riss sich Marietta selbst aus ihren Gedanken. Ganz instinktiv huschte ein Lächeln über ihr Gesicht, als sie daran denken musste, dass ihr Humor, mit leichtem Hang zum Sarkasmus, den sie von ihrem Vater genetisch übertragen bekommen hatte, noch immer nicht versiegt war. In ihr keimte ein wenig Hoffnung auf. Aber Hoffnung konnte ja auch nur der erste Schritt auf der Straße der Enttäuschung sein. Tja, Roberts grenzenloser Zwangsoptimismus gehörte ganz offensichtlich nicht zur Erbmasse. Ihr Vater hatte seinen wohl auch voll und ganz selbst aufgebraucht. Mit aus ihrer Sicht unzufriedenstellendem Ergebnis.

„Mariettaaaaaaa!", hörte sie ihre Mutter durchs Treppenhaus rufen. „Wie weit bist du? Tante Annedore und Onkel Kilian sind eben gekommen."

Erschrocken blickte Marietta auf ihre Uhr. Jetzt war sie schon fast 20 Minuten völlig in ihrer Gedankenwelt versunken, ohne auch nur ein Telefonat geführt zu haben. Das konnte sie nicht wirklich zugeben und so antwortete sie nur:

„Ich brauche noch ein paar Minuten und komme dann hoch!"

Schnell führte sie die fünf traurigsten Telefongespräche ihres Lebens. Und sie schlug sich dabei gar nicht mal schlecht. Mit einer sehr dünnen, etwas brüchigen Stimme und tränengefüllten Augen (die ja am Telefon glücklicherweise niemand sehen konnte) überbrachte sie den Menschen die Nachricht vom Tod ihres geliebten Vaters.

Nach Gespräch Nummer fünf, legte sie sachte den Hörer ihres schnurgebundenen Telefons auf die Gabel und schlurfte mit hängendem Kopf die Treppe hinauf, um gemeinsam mit der einzigen Schwester ihres Vaters und deren Mann um Robert Helmig zu trauern.

Es war bereits nach Mitternacht, als sich Marietta endlich völlig erschöpft in ihr Bett legen konnte. Das Gespräch mit ihren beiden nächsten Verwandten hatte sie aufgewühlt und gleichzeitig auf eine merkwürdige Art und Weise auch getröstet. Vielleicht hatten die Leute recht, wenn sie sagten, dass geteiltes Leid nur halbes Leid war. Zwar fühlte sich ihre Trauer alles andere als nur noch halb so schlimm an, aber es war schön zu wissen, wie viel Robert seiner Schwester bedeutet hatte und wie eng der Zusammenhalt einer Familie sein konnte, wenn es wirklich darauf ankam.

Wieder einmal empfand sie es als großen Mangel, dass sie keine Geschwister hatte. Gerade jetzt hätte sie jemanden gebrauchen können, der nachfühlen konnte, wie sie sich fühlte. Jemand, mit dem man Erlebnisse und Erinnerungen austauschen konnte. Jemand, dessen Vater heute gestorben war. Jemand, der sie schlicht und einfach nur stumm in die Arme nehmen würde. Eine einsame Träne kullerte wie in Zeitlupe verloren über ihre rechte Wange. Schnell wischte sie mit ihrem Ärmel darüber. Sie wollte nicht in Selbstmitleid versinken. Auf gar keinen Fall. Dazu war sie noch nie der Typ gewesen. Und sie würde garantiert auch jetzt nicht damit anfangen. Sie zog ihre kuschelige Fleece-Bettdecke bis über die Schultern, als könne sie damit ihre Trauer zudecken und einen winzigen Rest an Geborgenheit in ihr konservieren.

An Schlaf war noch nicht zu denken. Immer wenn sie die Augen schloss, stand sie wieder am Bett ihres Vaters und blickte in sein lebloses Gesicht. Also blieb ihr nichts anderes übrig, als ihre Augen immer wieder zu öffnen. Sie bemühte sich, ihre Gedanken in eine andere Richtung zu lenken, indem sie den kompletten Spielerkader ihrer Lieblingsfußballmannschaft inklusive Rückennummern zu rezitieren versuchte. Ohne Erfolg. Denn auch das erinnerte sie unweigerlich an ihren Vater. Schließlich hatte sie immer mit ihm die Spiele im Stadion angeschaut. Und er war es auch, der ihre Liebe zum runden Leder überhaupt erst geweckt hatte.

Es war zum Verzweifeln. Wie die Sache mit den rosa Elefanten. Versuchte man nicht an sie zu denken, war dies bereits geschehen. Innerlich hatte sie den Schlaf längst abgehakt, aber sicherheitshalber stellte sie sich den Wecker auf acht Uhr. Zwar hatte sie sich bei der Arbeit bereits vor einigen Tagen für die nächste Zeit abgemeldet, aber am nächsten Morgen musste sie schon früh aufstehen, um mit ihrer Mutter zum Bestattungsinstitut zu fahren. Dort hatten sie jede Menge Formalitäten zu erledigen und die gesamte Beerdigung zu planen.

Sie hatten sich für ein ‚Full-Service-Institut' entschieden. Das war zwar etwas teurer, aber erledigte wirklich alles rund um die Bestattung. Und das war es Marietta und Gloria wert.

Für den Nachmittag hatte sich dann der Pfarrer zum Trauergespräch angemeldet. Auch das musste noch vorbereitet werden. Robert hatte alles genau geplant und aufgeschrieben. Das kam

Marietta damals zwar etwas merkwürdig vor, aber jetzt war sie doch ganz froh, dass sie sich das alles nicht selbst überlegen musste und dass sie dadurch auch nicht unter dem Druck stand, alles im Sinne ihres Vaters gestalten zu müssen.

3

Wieder piepste der Wecker mit diesem schrecklich penetranten Geräusch, das sich vergleichbar mit kratzenden Fingernägeln auf einer Tafel in den Gehörgang eingraviert. Der kurze Aufschub war verstrichen. 8:15 Uhr. Jetzt wurde es aber wirklich Zeit aufzustehen.

Sie schlug die Decke zurück und mühte sich schwerfällig aus dem Bett. Schlurfend ging sie ins Bad und unterzog sich einer lustlosen Katzenwäsche. Sie bemühte sich nicht einmal, ihre Locken irgendwie zu bändigen, sondern fuhr sich nur zweimal mit den Fingern durch das Durcheinander auf ihrem Kopf. Als sie sich gedankenverloren eine Jeans und ein hellblaues T-Shirt aus ihrem Schrank schnappte, fiel ihr ein, dass sie sich wohl besser in nächster Zeit in Schwarz kleidete. Also fiel ihre Wahl auf eine entsprechende Hose und ein langärmliges Shirt mit schlichtem, weißem Aufdruck des Herstellerlogos auf der Brust. Sie würde sich zwangsläufig noch ein paar Trauertextilien zulegen müssen. Zwar hatte sie einiges in ihrer Lieblingsfarbe Schwarz in ihrem brechend vollen Schrank, aber aufgrund der teilweise doch sehr auffälligen Aufdrucke und Muster waren eine beachtliche Anzahl der Oberteile für den äußeren Ausdruck ihrer inneren Traurigkeit weniger gut geeignet.

Sie müsste wohl oder übel in Kürze zum Einkaufen fahren. Das tat sie im Gegensatz zum Gros ihrer Geschlechtsgenossinnen nur widerstrebend und unwillig. Vor allem, weil es aufgrund ihrer fehlenden Normfigur meist zu erheblichem Frust führte. Aber nun musste sie sich eben in ihr Schicksal fügen. Zumindest war dies jetzt nicht ihr größtes Problem. Sie beeilte sich mit dem Anziehen und schnappte noch schnell Handtasche und Jacke und eilte die Treppe hinauf zu ihrer Mutter.

Es war schon kurz vor 9 Uhr und sie wunderte sich, dass ihre Mama noch nicht nach ihr gerufen hatte. Frühstück würde heute sowieso ausfallen. Es war einer dieser seltenen Momente, in denen Marietta einmal nicht hungrig war. Sie spürte einen Kloß im Hals und bezweifelte, dass sie überhaupt einen Bissen hinunter bringen würde, aber eine Tasse frischer Kaffee sehnte sie sich dennoch herbei und hoffte auf den Vollautomaten ihrer Eltern, um diese Sehnsucht zu stillen. Und sie wurde nicht enttäuscht. Ihre Mutter hatte auch schon das restliche Frühstück vorbereitet. Ganz nach dem Motto: ‚Du musst etwas essen, Kind. Dann geht es dir gleich besser.' war der Tisch reichlich gedeckt. Anstandshalber nahm sich Marietta auch brav ein Stück Brot und belegte es mit jeweils einer Scheibe Schinken und Käse. Den Kaffee ließ sie den Automaten heute extra stark aufbrühen. Sie würgte folgsam das Brot hinunter, während sie versuchte den aufgeregten Ausführungen ihrer Mutter zu folgen.

Diese erläuterte ausgiebig und in allen Einzelheiten die geplanten Aktivitäten für diesen Tag. Irgendwie versagte das Koffein ihr heute seinen Dienst. Zumindest fühlte sich Marietta schon jetzt noch müder als gestern, bevor sie ins Bett gegangen war. Ihr Kopf dröhnte und sie hatte größte Schwierigkeiten ihrer Mutter zu folgen und dabei einen wenigstens halbwegs aufmerksamen Eindruck zu vermitteln. Irgendwie gelang es ihr aus den vielen Worten zu entnehmen, dass sie nach dem Termin im Bestattungsinstitut bei Tante Annedore zum Mittagessen eingeladen waren und dass Marietta dann nach dem Essen die Unterlagen für das Trauergespräch mit dem Pfarrer herrichten solle, während Gloria mit der Schwägerin im nahegelegenen Café Müller den Beerdigungskaffee reservieren wollte.

Marietta nickte in unregelmäßigen Abständen brav, während sie die scheinbar riesigen Brocken ihres Frühstücksbrotes mit dem restlichen Kaffee herunterspülte. Schon drängte Gloria auch darauf, das Haus zu verlassen. Dem kam Marietta auch gerne nach. Irgendwie fühlte sie sich im Haus ihrer Eltern nicht mehr sehr wohl und so trat sie die Flucht nach vorne an, indem sie ihren Koreaner startete und mit ihrer Mutter die geschätzten 10 Kilometer zum Institut ‚Pietät & Partner' fuhr. Noch immer fand sie den Namen befremdlich, aber sie hatte sich bisher auch noch nicht mit dieser Branche näher befasst. Als Marketing-Expertin in einem mittelständischen Industriebetrieb hatte sie eine andere Zielgruppe zu bedienen. Trotzdem hätte sie persönlich sicher eine andere Firmenbezeichnung gewählt. Sie schüttelte ungläubig den Kopf, als ihr auffiel, wie abstrus es eigentlich war, dass sie sich in ihrer Situation mit solch profanen Dingen beschäftigte. Es kam ihr vor, als würde irgendein automatisch ablaufender Schutzmechanismus ihr Gehirn mit unwichtigen, ja sogar abwegigen Gedankenspielen beschäftigen, um sie mit aller Macht von der Realität abzulenken.

Im Institut angekommen, wurden sie von Herrn Schwarz sehr pietätvoll begrüßt, indem er ihnen sein aufrichtiges Beileid bekundete, um dann elegant zum eigentlichen Zweck seines Angestelltenverhältnisses überzuleiten: dem Verkaufsgespräch.

Zunächst sollten sie sich für einen Sarg entscheiden und Marietta staunte nicht schlecht über die scheinbar unendlich vielen Kombinationsmöglichkeiten der verschiedenen Modelle. Sie konnte sich nicht helfen, aber irgendwie kam sie sich vor wie beim Neuwagenkauf. Vielleicht lag es auch daran, dass Herr Schwarz einen ähnlichen Charme wie ein Automobilkaufmann an den Tag legte. Ihre Mutter jedenfalls, schien darauf voll abzufahren. Sie folgte mit Begeisterung seinen Vorschlägen zu den meist teuersten Optionen, da diese für einen Mann wie Robert Helmig ja auch das Mindestmaß an Wertschätzung darstellten.

Marietta folgte dem Gespräch wie ein unbeteiligter Zuschauer einer abstrakten Theaterinszenierung. Auch wenn sie sich dabei richtig schlecht fühlte, aber eigentlich war es ihr völlig gleichgültig, was für ein Sarg den Leichnahm ihres Vaters für die nächsten Jahrzehnte beherbergen sollte. Aller Prunk und alle Pracht konnten schließlich nicht über die Tatsache hinwegtäuschen, dass sie hier über den Tod eines Menschens sprachen. Eines großartigen Menschen, wie Marietta ihren Gedanken noch hinzufügte. Und selbst der schönste Sarg und die würdevollste Beerdigung würden daran nichts ändern.

Nach dem Pflichtprogramm bei den pietätvollen Bestattern folgte noch die Kür bei Tante Annedore, die sie in dem etwas unbeholfenen Versuch, irgendwie Trost zu spenden, zum Mittagessen eingeladen hatte. *Als ob ihnen so etwas jetzt helfen würde*, dachte Marietta etwas verbittert und schämte sich sofort für diese Gedanken. Die Schwester ihres Vaters meinte es ja nur gut. Das tat sie immer. Und außerdem trauerte sie ebenfalls, zwang sich Marietta zu erinnern. Sie hatte schließlich ihren einzigen Bruder verloren. So etwas schweißt einen noch enger zusammen. Nicht, dass sie kein gutes Verhältnis innerhalb der Familie gehabt hätten. Ganz im Gegenteil. Aber Marietta war dieses Familiengeglucke immer etwas unangenehm gewesen. Es befremdete sie irgendwie. Vielleicht lag es daran, dass sie selbst keine Geschwister hatte, aber für sie war es eben ausreichend, nur mit ihrer Mutter und ihrem Vater Zeit als Familie zu verbringen. Jetzt bekam sie einfach einen anderen Blickwinkel auf das enge Geflecht der Familienbande. Und sie begann die Vorteile zu begreifen.

4

Das Essen war lecker gewesen. Das musste Marietta zu ihrem Erstaunen feststellen. Sie hatte zwar keinen Appetit gehabt, aber der kam dann mit dem Essen. Und die Gesellschaft von Tante Annedore und Onkel Kilian tat ihr richtig gut. Alleine mit ihrer Mutter hätte sie sicher keinen Bissen herunter bekommen. Aber sie hatten eine nette Gemeinschaft gehabt und verspürten fast einen Hauch von Normalität, der natürlich im Angesicht der momentanen Situation etwas surreal wirkte.
Marietta beschloss dennoch, ihre kreisenden Gedanken eine mentale Ausfahrt nehmen zu lassen und konnte etwas abschalten. Sie genoss das gute Essen und die Wärme, die von der kleinen Runde ausging. Sie steckte sowieso knietief in trübsinnigen Gedanken. Da konnte sie beruhigt ein paar Minuten den Blick auf etwas anderes richten, bevor sie in ihrer Trauer weiter watete. Wo auch immer sie dieser Weg hinführen sollte.

Nach dem obligatorischen Kaffee, den sie immer gerne nach dem Essen trank und dabei jedes Mal den Erfinder von Kaffeevollautomaten im Geiste in den Adelsstand erhob, bedankte sie sich herzlich bei den einfühlsamen Gastgebern und machte sich mit ihrer Mutter auf den kurzen Heimweg, um noch schnell die notwendigen Unterlagen für das Trauergespräch mit dem Pfarrer zusammen zu suchen.

Robert Helmig hatte seine Beerdigung schon seit längerer Zeit detailliert geplant. Er hatte sich immer ohne dieses typisch beklemmende Gefühl mit dem Sterben und dem Tod beschäftigt. Er hatte ja viel Zeit dazu gehabt, musste Marietta denken. Der Zerfall seiner Leber hatte schließlich einige Zeit in Anspruch genommen. Und während die Chance auf eine Spenderleber dahinschwand, hatte er in einem proportionalen Verhältnis dazu seine Beisetzung geplant.

Es mag an seinem tief verwurzelten Glauben gelegen haben, aber es war nie den Anflug von Angst zu spüren, wenn er über die Wünsche nach seinem Ableben gesprochen hatte. Im Gegenteil: Er hatte manchmal einen erwartungsvollen Gesichtsausdruck, wenn er davon sprach, dass er „bald in das Angesicht Jesu" blicken dürfe. Marietta konnte das beim besten Willen nicht nachvollziehen.

Nicht dass sie ungläubig war. Nein, das war es nicht. Sie hatte eine gründliche, christliche Erziehung genossen. Angefangen vom evangelischen Kindergarten über den schulischen Religionsunterricht bis hin zu sämtlichen Jugendgruppen und -kreisen, die der örtliche CVJM anbot. Sie wusste, dass es einen Gott gab. Aber irgendwie hatte sie keine Beziehung zu ihm. Er war für sie immer noch der ‚liebe Gott', der mit langem Bart auf einer Wolke sitzt, das Geschehen auf der Erde als Zuschauer verfolgt und ab und zu mit Strafen oder Wundern eingriff. So in etwa waren wohl ihre Vorstellungen – wenngleich sie sich eigentlich nie die Zeit dazu genommen hatte, sich eingehend mit ihrem Gottesbild zu beschäftigen und dieses genauer zu definieren.

Umso erstaunlicher war für sie der unerschütterliche Glaube ihres Vaters, der so anders war, als sie es von ihren Erfahrungen her kannte. Er war nicht statisch fromm und lebte kein zur Schau gestelltes Christenleben. Er ging nicht mal jeden Sonntag in die Kirche. Aber er ging jeden Tag „mit Jesus spazieren“ wie er es nannte. Nachdem er durch seine Krankheit die notwendige Zeit dazu hatte, pflegte er jeden Morgen vor dem gemeinsamen Frühstück im nahegelegenen Wald eine halbe Stunde umherzuwandeln. Mit Jesus, wie er betonte. Das wäre seine Art zu beten. Er suchte den Dialog und berichtete immer wieder von Erkenntnissen oder Dingen, die ihm Gott auf sein Herz gelegt hätte.

Das alles war Marietta mindestens eineinhalb Stufen zu abgehoben. Hätte sie ihren Vater nicht so sehr geliebt, sie hätte ihn wohl für verrückt erklärt. Aber für ihn war es ernst. Mehr noch, für ihn war es sein Leben. Dabei hatte dieses Leben noch wenige Jahre vorher ganz anders ausgesehen: von Christusbeziehung keine Spur. Okay, er war getauft und konfirmiert und hatte seine Frau auch kirchlich geheiratet. Als Lehrer war er ein angesehener Mann, der wusste, was sich geziemte. Und so legte er Wert darauf, ziemlich regelmäßig den Gottesdienst zu besuchen und sich in den kultivierteren Kreisen seiner Heimatstadt zu bewegen, die damals untrennbar mit der Kirche verbunden waren. Schon deshalb sollte seiner Meinung nach, seine einzige Tochter lieber mit der CVJM-Jugend verkehren, anstatt sich am Marktplatz mit zwielichtigen, halbstarken Mofafahrern herumzutreiben. Nicht dass er ein diktatorischer Patriarch gewesen wäre.

Beileibe nicht. Er war sanft und liebevoll und wollte stets nur das Beste für seine Familie. Schon deshalb pflegte er dieses bürgerliche Leben. Es sollte seiner Tochter an nichts fehlen. Und aus ihr sollte mal ein anständiger Mensch werden. An sich kein besonders verwerflicher Wunsch. Doch dann kam der Tag, an dem sich alles schlagartig änderte.

5

Marietta erinnerte sich noch genau. Es war ein Dienstagmorgen, genauer gesagt, der 23. Juni, an dem dieser gelebte deutsche Vorstadttraum zerplatzte: Robert war mit seinem Auto unterwegs zum Unterricht im nur fünf Kilometer entfernten Bildungszentrum, das alle Schularten für die schulpflichtigen Kinder und Jugendliche aus dem unmittelbaren Einzugsgebiet beheimatete. Aus unerfindlichen Gründen geriet er auf die Gegenfahrbahn und prallte frontal auf einen entgegenkommenden Fiat Punto.

Der genaue Unfallhergang konnte niemals völlig rekonstruiert werden, aber der schwäbische Premiumkombi war um einiges robuster als sein kleines italienisches Pendant. Und so überlebte Robert mit relativ leichten Verletzungen, während der Fahrer des anderen Wagens sein junges Leben lassen musste. Tragischerweise handelte es sich bei dem Unfallopfer um einen Schüler Roberts, der allerdings in entgegengesetzter Richtung zur Schule unterwegs war. Warum auch immer. Schließlich und endlich war das auch egal. Am Ende war Magnus Bittermann tot. Ausgelöscht. Und alles war Robert Helmigs Schuld.

Eine Tatsache, mit der er schwer zu kämpfen hatte. Alle Kratzer, Prellungen und Knochenbrüche, ja selbst die beiden komplizierten Frakturen an seinem linken Bein, waren ein Sommerschnupfen gegen die psychischen Leiden, die fortan die ständigen Begleiter des Pädagogen waren. Nichts und niemand konnte ihn damals ablenken oder ihm helfen. Und während die körperlichen Wunden recht zügig heilten und die daraus resultierenden Beschwerden schon bald auf ein erträgliches Maß reduziert wurden, versuchte er seine seelischen Schmerzen wenigstens ein kleines bisschen zu betäuben. Zunehmend griff er dazu auf alkoholhaltige Genussmittel zurück. Bier, Wein und später auch hochprozentige Spirituosen verschafften ihm zumindest vorübergehend etwas Erleichterung. Und so wurden diese zu seinen treusten und liebsten Begleitern.

Zunächst funktionierte diese Taktik sogar wirklich. Er schaffte es, den Alkohol so zu dosieren, dass er sich wie in einer schützenden Seifenblase auf scheinbar ganz normale Art und Weise durch seinen Alltag bewegen konnte. Er funktionierte einfach nur noch. Spulte sein Programm ab. Und war in seiner gefühlsgedämpften Wahrnehmung von niemand und nichts zu erreichen. Es konnte einfach keiner zu ihm durchdringen.

Das schien allerdings anfangs gar niemandem wirklich aufzufallen. Sie alle waren so sehr mit sich selbst beschäftigt gewesen, dass sie nur froh waren, dass Roberts Traurigkeit endlich vorbei war und er wieder am Leben und an der Gesellschaft teilnahm. Das Schlimmste schien überstanden zu sein und so machte sich jeder daran, sich wieder hingebungsvoll seinen eigenen Problemen zu widmen. Diese Haltung änderte sich erst dann, als das Alkoholproblem von Robert Helmig nicht mehr länger ignoriert werden konnte. Seine Stimmungsschwankungen verstärkten sich auf kolossale Art und Weise. Mal war er richtig gut gelaunt und überdreht, nur um wenige Minuten später völlig aufgelöst in seinem Selbstmitleid beinahe zu ertrinken. Jeder, der sich in diesen Zuständen an ihn heranwagte, wurde äußerst brutal zurückgewiesen. Und als er praktisch nur noch brüllend oder lallend zu erleben war, konnte ihn auch sein Rektor nicht länger schützen: Er setzte ihm die buchstäbliche Pistole auf die Brust und zwang ihn zu einer Therapie. Sonst wäre es mit seiner Lehrtätigkeit endgültig vorbei gewesen. So war dieser Weg zwar nicht der angenehmste, aber der einzig gangbare.

Die Therapie war im Nachhinein das Beste, was ihm nach eigenen Angaben passieren konnte. Er machte einen unglaublichen Wandel durch. Nicht nur, dass er körperlich und psychisch von der Droge unabhängig wurde. Er hatte anscheinend das seltene Glück, von einem gläubigen Therapeuten in der Klinik behandelt zu werden. Dieser erfahrene Christ beeindruckte ihn offensichtlich derart schwer, dass er sein Leben an Jesus Christus übergab – auch wenn sich unter dieser typisch christlichen Terminologie die Familienangehörigen zunächst nicht sehr viel vorstellen konnten.

Wie sehr diese Entscheidung sein Leben veränderte, zeigte sich in den folgenden Monaten, in denen er begann in einen Hauskreis zu gehen und alle Angebote zum christlichen Glauben förmlich in sich aufsog. Er las in der Bibel und befasste sich mit allerlei dazugehörigen Kommentaren, besuchte Gottesdienste und Bibelstunden, um schließlich als kirchlicher Mitarbeiter selbst einen Bibelkreis zu leiten. Sein Freundeskreis änderte sich ziemlich offensichtlich und er legte überhaupt keinen Wert mehr auf das, was die ‚wichtigen' Leute im Ort dachten und hinter mehr oder weniger vorgehaltenen Händen auch sagten.

Die Ehe von Mariettas Eltern schien den zweiten Frühling zu erleben und die unerklärliche Liebe, mit denen Robert allen und jedem begegnete führte dazu, dass sich seine Frau alsbald ‚anstecken' lies und ebenfalls eine Bekehrung erlebte, die zwar ihre psychische Erkrankung nicht heilte, aber sie dennoch entscheidend stabilisierte.

Da Marietta zu dieser Zeit noch mit Arne versuchte eine Rosamunde-Pilcher-Roman-Beziehung zu leben, bekam sie das alles nur am Rande mit. Solange es aber ihren Eltern gut ging, war ihr Gewissen ausreichend beruhigt und sie musste sich keine allzu großen Gedanken darum machen, dass sie nicht wirklich adäquat viel Zeit mit ihnen verbrachte. Ihr Angebeteter beanspruchte eben einfach zu viel von Ihrer Zeit und Energie, als dass sie noch Ressourcen frei gehabt hätte.

Das änderte sich erst, als sie die Trennung zurück in die elterlichen Arme trieb. Nun konnte sie das Geschehene ganz langsam, Stück für Stück rekonstruieren. Und auch wenn sie nicht alles wirklich nachvollziehen oder gar verstehen konnte, erfreute sie sich einfach an diesem scheinbar unerschöpflichen See aus Liebe, der sie in ihrem Elternhaus umgab und ihr gebrochenes Herz mit hingabevoller Pflege zu heilen versuchte.

Viel später kamen dann die Folgen des exzessiven Alkoholgenusses von Robert ans Tageslicht, als es ihm gesundheitlich immer schlechter ging und letztendlich die Diagnose ‚Leberzirrhose' gestellt wurde. Der Rest war eine unabwendbare körperliche Talfahrt mit Ödemen und Blutungen, die gestern ihren unrühmlichen Tiefpunkt erlebt hatte. Marietta erwachte aus ihren Tagträumereien. Jetzt sollte sie sich wirklich zusammen reißen. In weniger als zwei Stunden würde Pfarrer Glockner hier aufgaloppieren. Und sie hatte noch nicht wirklich etwas vorbereitet.

Während also ihre Mutter den ‚Leichenschmaus' im örtlichen Café Müller organisierte, sollte sie die geschriebenen Anweisungen von Robert aus der Box mit den persönlichen Sachen ihrer Eltern holen. Diese Box befand sich auf dem Boden im Schlafzimmerschrank ihrer Eltern. Irgendwie war es Marietta denkbar unangenehm, in den intimsten Sachen ihrer Eltern herumzukramen, aber in ihrer Familie hatte es nie große Geheimnisse gegeben und so war es nicht verwunderlich, dass ihre Mutter sie mit dieser Aufgabe betraut hatte. Noch nie zuvor hatte sie sich an diese Box aus stabilem Karton gewagt.

Natürlich hatte sie immer von ihr gewusst. Schon als Kind hatte sie gesehen, wie ihre Mutter immer wieder Zeichnungen oder Geschenke von ihr in dieser großen Schachtel verstaut hatte. Nie hätte Marietta es gewagt, sie zu öffnen, geschweige denn, etwas heraus zu nehmen. Jetzt musste sie es tun. Es gab keine andere Möglichkeit. Und sie fühlte sich ganz und gar nicht wohl dabei. Aber es half ja nichts. Da musste sie jetzt durch, dachte sie und schleppte sich schwer seufzend, wie eine alte Frau mit doppelseitiger Hüftarthrose die zwei steilen Treppen ins Elternschlafzimmer hinauf.

Mit einem gespenstischen Quietschen öffnete sich die massive Escheschranktür und gab den Blick frei auf die am Boden stehende Box. Ehrfürchtig zog sie die Kartonage heraus. Wider erwarten war sie zu schwer, um sie einfach herauszuheben, also zog sie sie einfach über die Schrankschwelle nach außen. Sie nahm den Deckel der ziemlich vergilbten Schachtel mit den verblassten blauen Streifen ab und legte ihn behutsam zur Seite. Dann begann sie ganz vorsichtig die vielen Erinnerungsstücke ihrer Eltern so zur Seite zu schieben, dass sie eine reelle Chance hatte, den Umschlag mit der Beerdigungsanleitung zu finden.

Eigentlich hatte sie erwartet, den Umschlag ganz oben zu finden, da er ja ein verhältnismäßig junges Verfassungsdatum besaß. Aber dem war nicht so. Stattdessen fand sie obenauf ein etwas dickeres Notizbuch im A5-Format, von dem sie nicht recht wusste, was es darstellen sollte. Es hatte auf dem Umschlag ein Foto einer stark vergrößerten lila Blume, deren botanische Fachbezeichnung Marietta gänzlich unbekannt war – was allerdings wenig verwunderlich war, da sie eigentlich überhaupt keine botanischen Fachbegriffe kannte. Sie schlug es mit einer sachten Handbewegung auf und erkannte sofort die Handschrift ihrer Mutter. Es musste so eine Art Tagebuch sein. Aus Glorias‘ Erzählungen wusste Marietta, dass diese während einer ihrer Therapien mit dem Tagebuchschreiben begonnen hatte und auch wenn sie so überhaupt nicht in den intimen Gedanken ihrer Mutter stöbern wollte, konnte sie es nicht verhindern, dass ihr die ersten Zeilen auf den vorderen Seiten ins Auge stachen: „Heute ist es passiert! Er ist gestorben. Von uns gegangen. Endgültig. Ich kann es immer noch nicht fassen. Alles Bangen und Warten scheinbar umsonst. HERR steh mir bei. Gib mir die Kraft das alles durchzustehen. Ich weiß, dass es Robert jetzt gut geht. Er hat keine Schmerzen mehr. Und er ist bei DIR. Ich gönne es ihm von Herzen, aber er fehlt mir so sehr. Und Marietta? Wie wird sie es verkraften? Er war ihr ein und alles..." Marietta musste sich zwingen nicht weiter zu lesen. Das wäre nicht richtig, fand sie, dennoch war sie wie hypnotisiert und konnte ihre Blicke kaum vom Geschriebenen abwenden. Aber sie schaffte es trotzdem.

Entschieden klappte sie den Buchdeckel zu und suchte so lange weiter, bis sie den Umschlag fand. Dies alles geschah allerdings in einer Art Automatismus. Sie tat es nicht bewusst, denn mit ihren Gedanken war sie immer noch bei den Worten ihrer Mutter. Der Tagebucheintrag überraschte sie. Sie hatte gedacht, dass ihre Mutter schwach sei und ihres Trostes bedürfe. Aber Gloria machte sich stattdessen Sorgen um ihre einzige Tochter. Das rührte sie sehr und löste sogleich einen kleinen Sturzbach an Tränen aus. Sie wischte schnell das Salzwasser von ihren Wangen, um nicht die wertvollen Dokumente im Karton zu beschädigen.

Etwas überhastet versuchte sie die ausgeräumten Sachen wieder mehr oder weniger ordentlich in der Schachtel zu verstauen. Schnell setzte sie den Deckel obenauf und hievte die Box wieder an deren angestammten Platz. Sie stieg zügig die Treppe hinab zum Esszimmer, um alles für den Besuch des Pfarrers vorzubereiten.

6

Pfarrer Johannes Glockner war relativ neu in der Gemeinde. Marietta war er gänzlich unbekannt. Sie war eben nicht so die Kirchgängerin. Ihr Vater hingegen kannte Pfarrer Glockner schon erstaunlich gut. Zumindest, wenn man dessen kurze Anwesenheit in die Rechnung mit einbezog.

Er hatte sich sofort am Männerbibelkreis von Robert beteiligt und war dementsprechend auch ‚per du' mit Mariettas Vater gewesen. Da diese ihn aber noch nie gesehen hatte, sah sie der Begegnung eher mit gedämpfter Vorfreude entgegen. Ihre Erfahrungen mit Geistlichen waren ausschließlich pädagogischen Ursprungs. Religions- und Konfirmationsunterricht hatte sie bei den Klerikern mit ähnlichem Vergnügen genossen, wie die halbjährliche Kontrolluntersuchung beim Zahnarzt. Allerdings hatte ihr Vater immer voller Lob und Anerkennung vom neuen Oberhirten der Gemeinde gesprochen und ihr Vater besaß nun mal eine außergewöhnlich gute Menschenkenntnis. Schon deshalb beschloss sie all ihre Vorurteile beiseite zu schieben und dem jungen Mann völlig unvoreingenommen gegenüber zu treten.

Sie hoffte nur, dass ihre Mutter bald zurück sein würde. Schließlich verfügte Gloria über wesentlich mehr Erfahrung in frommen Gepflogenheiten als Marietta und wäre ihr dementsprechend eine sachdienliche Hilfe. Rasch öffnete sie eine Tüte mit Haferkeksen und drapierte sie mehr oder weniger appetitlich auf einer dunkelbraunen Keramikschale. Sie selbst hätte hier gerne zur bewährten Tupperschale gegriffen, aber sie wusste, dass ihre Mutter Plastikgefäße auf dem Tisch nicht duldete, wenn sie Besuch erwartete. Also griff sie brav zum Grobporzellan, das seine besseren Tage wohl auch schon vor der Auflösung von ABBA erlebt hatte. Herr Glockner würde es bestimmt nicht wirklich negativ aufnehmen. Männer waren in der Regel ja nur mäßig interessiert an dekorativ aufwertenden Elementen einer Behausung. Noch schnell drei Kaffeetassen – natürlich die Goldumrandeten – auf den Tisch gestellt, großzügig die Verwendung der obligatorischen Platzmatten ignoriert und alles war für den hohen Besuch vorbereitet.

Marietta setzte sich auf das schwere braune Ledersofa und versuchte verzweifelt während der Wartezeit sich selbst vom Nachdenken abzuhalten. Der Fernseher leistete hier jedoch keine guten Dienste. Alle Programme, die sie in rekordverdächtiger Geschwindigkeit durchzappte zeigten nur Kochsendungen oder vermeintliche Dokumentationen über schwererziehbare Teenager, partnersuchende Bauern oder sonstige schlecht spielende Laiendarsteller in noch schlechteren Geschichten, die angeblich das Leben so schrieb. Genervt schaltetet Marietta das TV-Gerät wieder ab und blätterte in der Fernsehzeitschrift, die auf dem schieferbeplatteten Couchtisch lag, um ein paar Rätsel zu lösen. Glücklicherweise lies Pfarrer Glockner nicht allzu lange auf sich warten. Schon zwei Sudokus für Fortgeschrittene später klingelte es an der Haustür und Marietta wurde nervös, was sie zunächst verunsicherte und dann auch ein wenig wütend auf sich selbst machte. Sie war schließlich eine erwachsene Frau und wusste sich durchaus in zwischenmenschlichen Begegnungen einigermaßen angemessen zu verhalten. Zumindest in den meisten Fällen. Dennoch verspürte sie ein nicht gänzlich zu verdrängendes Unwohlsein in der Magengegend, als sie die Tür öffnete.

Zu ihrer großen Überraschung war diese sofort verflogen, als sie den Besucher in der Tür stehen sah. Ihr Gegenüber sah deutlich besser aus, als sie es sich unweigerlich in ihren Vorstellungen ausgemalt hatte. Dieser erste Gedanke über die optische Attraktivität des Pfarrers war Marietta sofort irgendwie unangenehm. War es angebracht, einen Geistlichen mit normalen, zeitgeistgesteuerten Männer-Maßstäben zu messen? Sie wusste es nicht. Obwohl sie über das Alter des Herrn Pfarrer durchaus im Bilde war, wirkte dieser in seinem Freizeit-Outfit mit schwarzer Softshelljacke eines bekannten Outdoorbekleidungsherstellers und verwaschenen Jeans sogar noch jünger. Sein offener mitleidsdurchdrungener Blick wischte augenblicklich alle Vorbehalte wie mit einem supersaugstarken Küchentuch weg und machte Platz für eine herzliche Begrüßung. Auch seine Beileidsbekundung wirkte so gar nicht aufgesetzt und Marietta schämte sich nicht einmal, als sich anstelle einer Antwort ihre Augen im selben Moment mit Tränen füllten.

Fast gänzlich erblindet aufgrund des dichten Tränenschleiers, suchte sie sich den Weg ins elterliche Esszimmer nicht über ihren optischen Orientierungssinn, sondern wohl eher mit dem Instinkt eines Jagdhundes, der seine Beute aufspürt. Dicht gefolgt von

Johannes Glockner fand sie das Esszimmer auch gleich beim ersten Versuch. Erneut wünschte sich Marietta sehnlichst, ihre Mutter würde endlich zurückkehren. Zwei Stunden waren doch mehr als genug Zeit zur Organisation eines Trauerkaffees, deren Notwendigkeit Marietta noch immer massiv anzweifelte.

Tatsächlich fand sich aber Marietta erst mal gänzlich auf sich alleine gestellt und erinnerte sich artig an ihre gute Erziehung, indem sie ihrem Gast erst einmal Kaffee anbot. Dieser nahm dankend an und eröffnete – nachdem das laute Mahlgeräusch des Kaffeeautomaten endlich verstummte – das Gespräch:

„Und wie fühlen Sie sich, Frau Helmig?“ fragte er mit ehrlichem Interesse. Marietta wusste allerdings keine passende Antwort und Pfarrer Glockner ergänzte:

„Ich weiß, dass das keine wirklich intelligente Frage war. Ich bitte um Entschuldigung. Was ich eigentlich meinte war, kann ich Ihnen in Ihrer Trauer auf irgendeine Weise behilflich sein?“

„Nun ja“, stotterte Marietta und kam sich ziemlich dämlich vor. „Ich glaube, ich habe es noch gar nicht wirklich realisiert. All das Bangen und Hoffen... letztlich völlig umsonst. Das macht mich schon ziemlich fertig.“

„Und wütend, oder?“ fügte ihr Gegenüber hinzu.

Marietta stutzte. „Wütend? Darüber habe ich noch gar nicht nachgedacht. Wie meinen Sie das?“ entgegnete sie verwirrt.

Der Seelsorger lächelte und erklärte: „Ich meine, Sie sind doch sicher ziemlich verärgert darüber, dass all das Zittern um Ihren Vater scheinbar so völlig sinn- und ergebnislos geblieben ist. All die

Therapien und Gebete – völlig ohne Wirkung. Das muss Sie doch zornig machen. Oder liege ich da total daneben?"

„Nein", erwiderte Marietta eine Spur zu schnell, denn sie hatte immer noch keinen klaren Gedanken fassen können. Aber rein intuitiv konnte sie seiner Argumentation folgen. Eigentlich formulierte er genau das in Worte, was zwischen ihrem Bauch und Kopf so unbenannt umher schwebte wie die Nebelschwaden über der Themse in London. Und je länger sie darüber nachdachte, desto sicherer wurde sie, dass der Kirchenmann so ziemlich ins Schwarze getroffen hatte.

„Wenn ich es mir so recht überlege, liegen Sie sogar erstaunlich richtig. Ich hatte dieses Gefühl nur bislang bei all der Trauer gar nicht beachtet. Aber Wut trifft es wohl am besten. Irgendwie finde ich es mehr als ungerecht, dass Gott meinem Vater nicht geholfen hat, obwohl dieser doch so viel für ihn getan hat. Es heißt doch immer, dass Gott allmächtig sei. Da wäre es doch für ihn ein Leichtes gewesen, meinen Vater zu heilen. Oder ihm wenigstens eine Spenderleber zu beschaffen. Ja, je mehr ich darüber nachdenke, desto mehr bin ich sicher, dass ich wirklich wütend auf ihn bin."

Marietta blickte den Pfarrer jetzt trotzig und herausfordernd an. Johannes Glockner nahm die Herausforderung gelassen an und erwiderte ruhig:

„Das kann ich sehr gut verstehen. Sehen Sie, Sie wohnen doch in der Einliegerwohnung ihrer Eltern? Ist es Ihnen nie in den Sinn gekommen zu ihrem Vater zu sagen: ‚Ich bin wütend auf dich, weil du mir kein eigenes Haus gekauft hast'?"

„Nein", antwortete Marietta etwas verwirrt „davon war ja nie die Rede!"

„Und genau darum geht es", sagte der Pfarrer mit ruhiger Stimme. „Gott hat auch nie davon gesprochen, dass wir hier auf Erden unversehrt leben und immer glücklich sein werden. Ganz im Gegenteil. Das einzige, was er uns versprochen hat, ist das ewige Leben für die, die an Jesus Christus glauben."

„Aber der Vergleich hinkt doch", wehrte sich Marietta, „mein Vater hatte nie die finanziellen Mittel, um mir ein Haus zu kaufen. Für Gott aber wäre es doch möglich. Es heißt doch: ‚Was bei den Menschen unmöglich ist, ist bei Gott möglich'!" Sie spürte ein leises Gefühl des Triumphes, ob ihres biblischen Wissens.

Pfarrer Glockner blieb jedoch unbeeindruckt:

„Könnte es nicht sein, dass ihr Vater – auch wenn er das Geld gehabt hätte – ihnen dennoch kein Haus gekauft hätte, weil er dachte, es wäre nicht gut für Sie?" Jetzt blickte er Marietta herausfordernd an. Die sprang sofort an:

„Sie meinen, gesund und glücklich zu sein, wäre nicht gut für einen Menschen?" Sie schüttelte verständnislos den Kopf.

„Nun ja, es kann durchaus Gründe geben, die eine andere Sichtweise rechtfertigen.", fuhr Pfarrer Glockner fort.

„Wie meinen Sie das?", Marietta war wirklich verwirrt.

Doch der Geistliche erzählte ruhig und besonnen weiter:

„Nehmen Sie zum Beispiel mich: Ich bin zwar Pfarrer und habe während meiner Dienstzeit schon mehrere Trauerfälle erlebt, aber erst jetzt kenne ich dieses Gefühl der Ohnmacht und Wut aus eigener Erfahrung. Wissen Sie, meine Frau ist vor zwei Jahren an Krebs gestorben", begann er zu erzählen.

„Das tut mir leid", murmelte Marietta mit Tränen erstickter Stimme.

Auch Johannes Glockner senkte den Blick, um seine Ergriffenheit zu verbergen. Er hatte seine Frau offensichtlich sehr geliebt.

„Ich kann jetzt auf einer anderen Ebene mit den Trauernden reden. Wenn sie meine Geschichte erfahren, reagieren sie sofort ganz anders auf meine Worte. Sie nehmen mich ernster. Ist das nicht auch bei Ihnen so? Dachten Sie nicht vorher noch: ‚Was soll ich denn mit diesem Pfarrer besprechen? Der hat ja doch nur einstudierte Phrasen und frommes Geschwätz auf Lager!' Aber jetzt kommen Sie langsam ins Zweifeln, ob ich nicht doch das glaube, was ich Ihnen erzähle?"

Intellektuell konnte Marietta ihm durchaus folgen, aber seine Worte drangen nicht bis zu ihrem Herzen durch. Dennoch wollte sie von ihm die ganze Geschichte erfahren. Seine Geschichte.

Seine Stimme stockte merklich, als er zu erzählen begann:

„Maria – so hieß meine Frau – klagte seit längerem über massive Rückenschmerzen. Alle Untersuchungen verliefen ergebnislos, bis endlich ein Arzt feststellte, dass es kein orthopädisches Problem war, sondern ein bösartiger Tumor an ihrer Bauchspeicheldrüse gewachsen war. Danach folgte eine kurze aber heftige Zeit der verzweifelten Versuche, mit aggressiver Chemotherapie noch irgendetwas an ihrer Situation verändern zu können. Auch wir haben gehofft und gebangt, gezweifelt und gebetet. Letztlich aber mussten wir uns einem größeren Plan beugen und uns mit der Situation arrangieren.

„Das klingt ja alles schön und gut, aber hatte das wirklich keine Auswirkungen auf ihren Glauben?“, warf sie mit echtem Interesse ein.

Pfarrer Glockner blickte sie durchdringend und offen an, als er fortfuhr:

„Meine Frau hatte größeres Gottvertrauen als ich. Das habe ich in dieser Zeit gemerkt. Vieles von meinem theologischen Fachwissen erwies sich bei dieser Belastungsprobe als blanke Theorie. Maria hingegen konnte sich dem Willen Gottes unterordnen. Mehr noch – sie akzeptierte es als *seinen* Plan und vertraute darauf, dass es schon einen Sinn machen würde. Wissen Sie, ihr Konfirmationsspruch war: Römer 8,28: „Wir wissen aber, dass denen, die Gott lieben, alle Dinge zum besten dienen.“ und genau das wurde zu ihrem Lebensmotto. Sie verließ sich einfach darauf, dass Gott diese schlimme Geschichte zu irgendetwas Gutem führen würde. Ein weiterer Bibelspruch wurde uns damals zu einer großen Hilfe: Jesaja 29,11: „Denn ich weiß ja was für Gedanken ich für euch habe: Gedanken des Friedens und nicht des Leids.“

Ich lernte von meiner Frau ein kindliches Vertrauen gegenüber unserem himmlischen Vater. Trotz allem Unverständnis gegenüber seinen Wegen, spürte ich einen inneren Frieden und konnte die letzte Zeit, die mir mit meiner Frau noch blieb sehr intensiv erleben. Auch viele unserer Freunde wurden bei ihren Krankenbesuchen selbst gestärkt. Sie erzählten immer wieder, dass sie gekommen waren, um Maria zu trösten und dabei von ihr Kraft und Stärke empfangen haben.

Glauben Sie jetzt nicht, dass wir in irgendeiner Weise besonders fromm oder heilig waren. Es gab auch viele dunkle Tage. Momente des Zweifelns und des Anklagens gegenüber Gott. Aber alles in allem stärkte die Krankheit unseren Glauben und so konnte ich meine Frau am Ende unseres gemeinsamen Lebens loslassen in der Gewissheit, dass sie voraus gehen wird in unsere himmlische Heimat und dort frei von allen Schmerzen und Nöten sein darf. Ich war dabei, als sie ihren letzten Atemzug machte und ich erlebte, wie sich ihr ganzer geschundener Körper entspannte und sie mit einem völlig glücklichen Gesichtsausdruck einfach nur da lag.

Selbstverständlich war ich traurig und ich war eben auch wütend. Wütend auf Gott, weil sein Plan in einem so riesigen Kontrast zu meinen eigenen Plänen stand. Sie war doch noch so jung. Gerade mal 29 Jahre alt. Wir hatten gerade angefangen, uns über die Familienplanung zu unterhalten. Der Zeitpunkt für Kinder schien uns genau richtig. Ich war fertig mit Studium und Vikariat. Nun hatte ich meine erste Pfarrstelle angetreten und wir uns so richtig gut eingelebt. Alles schien perfekt. Zu schön um wahr zu sein. Und dann platzte unser Traum wie die Seifenblase eines Zweijährigen. Es war einfach nicht fair. Nicht logisch. Nicht nachvollziehbar und keinesfalls gerecht – zumindest in meinen Augen. Auch wenn ich vom Kopf her verstand, dass es meiner Frau nach ihrem Tod nun gut ging und dass sie meiner tiefsten Überzeugung gemäß jetzt bei Jesus Christus war und ich ihr das auch von Herzen gönnte, so trauerte ich dennoch sehr und tat mir wohl selbst auch unwahrscheinlich leid. Ich stritt regelrecht mit Gott. War abwechselnd beleidigt und dann wieder trostbedürftig wie ein kleines Kind. Und doch: Gott ließ mich durch all diese Gefühlswirrungen nie allein. Er war immer da. Das habe ich gespürt. Wissen Sie, man darf Gott auch ruhig mal wütend gegenüber treten und ihm unangenehme Fragen stellen. Er kennt unsere Gedanken ja sowieso. Lassen Sie es ruhig heraus, wenn Sie denken, dass er einen Fehler gemacht hat. Sagen Sie es ihm und er wird Ihnen antworten. Gott erhört Gebete."

Er machte eine kurze, nachdenkliche Pause und spielte leicht verlegen an seiner Armbanduhr herum, während er fortfuhr:

„Das mag sich jetzt für Sie ziemlich abgehoben anhören. Schließlich bin ich ein wildfremder Mensch. Aber was ich mit meinem Gestammel hier versuche Ihnen zu erklären ist, dass es nicht ungewöhnlich ist, wie Sie jetzt empfinden. Im Gegenteil. Ich hoffe, ich habe Sie jetzt nicht total verschreckt. Ich bin eigentlich gar kein so redseliger Mensch. Und jetzt bin ich – offen gesagt – total verunsichert, da ich mich offensichtlich gerade um Kopf und Kragen rede."

Pfarrer Glockner lächelte, biss sich dabei auf seine Unterlippe und blickte Marietta ganz unsicher an. Marietta konnte nicht anders, als laut zu lachen. Sie fand ihr Gegenüber einfach nur niedlich. Wie ein kleiner Junge, der begeistert seiner Mutter vom Schulausflug erzählt und sich erst während seiner Ausführungen bewusst wird, dass er eigentlich gerade viel zu viel preisgegeben hat und dass dies womöglich unangenehme Konsequenzen für ihn haben könnte. Schnell richtete Marietta ein paar beruhigende Worte an ihr unsicheres Gegenüber und die Unterhaltung nahm sehr lockere, ja fast freundschaftliche Formen an. Für ein paar Minuten vergaßen beide den eigentlichen Anlass dieses Gesprächs und verbrachten einfach nur eine unbeschwerte Zeit miteinander, bis dann doch endlich Mariettas Mutter die Szenerie betrat. Es schien lächerlich und albern, aber irgendwie fühlten sich beide, als ob sie bei etwas Verbotenem ertappt worden wären und Marietta bekam zu allem Übel einen derart roten Kopf, dass sie durchaus keine schlechten Chancen auf einen Nebenjob als Verkehrsampel gehabt hätte.

Zum guten Glück schien es Gloria überhaupt nicht aufzufallen. Sie war durch ihre Verspätung so sehr in Hektik geraten, dass sie jetzt den armen Herrn Pfarrer geradezu mit ihren Worten überrollte. Es war als müsste sie die letzte halbe Stunde im Schnelldurchlauf aufholen und übersprang dabei sämtliche abschließende Satzzeichen und beschränkte sich nur auf Kommas und Semikolons, die ihr die kurze Möglichkeit der schnappartigen Sauerstoffaufnahme boten. Marietta fühlte durchaus Bedauern mit Johannes Glockner, aber betrachtete das Schauspiel auch mit einem gewissen Amusement. Wenngleich dieses Gefühl auch sofort wieder ein schlechtes Gewissen in ihr weckte. Schließlich war dies keine Nachmittags-Sitcom, sondern ihr trauriges Leben. Dennoch wurde sie die restliche

Zeit des Besuches von Pfarrer Glockner dieses seltsam gute Gefühl nicht wieder los. Erst als sich der attraktive junge Mann herzlich von ihnen verabschiedete, schien sich die Fröhlichkeit ihres Herzens wieder so schnell aufzulösen, wie eine Aspirintablette in Mineralwasser.

Als sie dann am Ende des Tages endlich die restlichen Trauerbesuche und Beileidsbekundungen der verschiedensten Verwandten und Bekannten hinter sich gebracht hatte, waren dann nur noch Trübsinn und die von Pfarrer Glockner aufgedeckte Wut übrig geblieben.

Sie verabschiedete sich schnell von ihrer Mutter und zog sich in ihre Wohnung zurück, wo sie sich so schnell wie möglich in ihr warmes Bett kuschelte. In Gedanken ließ sie den Tag noch einmal Revue passieren. Dabei fiel ihr auch die Anmerkung von Johannes Glockner wieder ein, als der sie ermutigt hatte, Gott mit ihrem Unverständnis zu konfrontieren. Und so begann sie das erste Mal seit scheinbar ewigen Zeiten richtig zu beten. Natürlich hatte sie in gewissen Notsituationen gerne einmal das eine oder andere Stoßgebet gen Himmel gesandt und ebenso hatte sie Gott fast ritualmäßig um eine Spenderleber für ihren Vater gebeten, aber dies waren stets ‚Lieber-Gott-bitte-mach'-Gebete. Einen Raum für ein echtes Gespräch hatte es nie wirklich gegeben. Nie hatte sie Gott einfach und direkt gesagt, was sie fühlte. Nun schüttete sie Gott ihr unendlich verletztes Herz aus. Warf ihm vor, einen schlimmen Fehler begangen zu haben, haderte und rang mit ihm in ihren Gedanken. Dabei schossen ihr die Tränen geradezu in Sturzbächen auf ihre nagelneue limettengrüne Bettwäsche. Sie hatte sich total verausgabt. Es schien als wäre kein Gedanke und erst recht keine Träne in ihrem Körper übrig geblieben. Sie war körperlich und psychisch derartig erschöpft, dass sie irgendwann einfach nur noch einschlief.

7

Marietta musste schon einige Stunden geschlafen haben, als sie plötzlich hochschreckte. In ihrem Zimmer war es so hell, dass sie glaubte, es wäre mit der Flutlichtanlage eines Fußballstadions erleuchtet worden. Sie wusste nicht, ob sie die Augen noch geschlossen hatte oder nicht. Sehen konnte sie jedenfalls nichts. Zuerst dachte sie, es handle sich um einen sehr merkwürdigen Traum, aber als plötzlich am Fußende ihres Bettes die Konturen einer Gestalt zu erkennen waren, fuhr ihr ein gewaltiger Schreck in die Glieder.

Das ist kein Traum, dachte sie voller Furcht. Alles erschien ihr einfach zu real. Sie versuchte zu schreien, aber ihre Stimmbänder brachten nur ein leises Glucksen zustande. Gelähmt vor Angst war sie unfähig auch nur einen ihrer Zehen zu bewegen. Dieses ohnmächtige Gefühl steigerte sich noch, als der Schatten zu sprechen begann:

„Hab keine Angst!" sprach er ihr mit fast flüsternder Stimme zu. Das heißt, ‚er' war nur eine simple Ahnung, die Marietta beschlich. Weder die Gestalt noch die Stimme lies irgendwelche Rückschlüsse auf das Geschlecht des nächtlichen Besuchers zu. Allerdings waren Marietta die Nachrichten und die Verbrechensstatistik derart präsent, dass sie mutmaßte, es müsse sich um einen männlichen Verbrecher handeln. Wer sonst, sollte sie mitten in der Nacht in ihrem Schlafzimmer aufsuchen? Sie rechnete mit dem schlimmsten und die beruhigenden Worte der Gestalt erschienen ihr wie blanker Zynismus. Sie war meilenweit davon entfernt, keine Angst zu haben.

Vielmehr begann ihr Körper nun völlig unkontrolliert zu zittern. Und es half Marietta wenig, dass der Besucher mit seiner sanften Stimme weitersprach:

„Marietta!"

Das Wissen der Gestalt um ihren Namen weckte nicht gerade das Vertrauen einer völlig verängstigten jungen Frau. Doch die samtene Stimme fuhr fort:

„Ich bin hier, um dir eine Nachricht zu überbringen."

Auch dies tat nichts zur Entspannung der psychischen Lage Mariettas bei. Vielmehr fühlte diese sich, wie in einem Hollywood-Thriller, bei der ein Handlanger eines Verbrecherbosses dem Abtrünnigen eine Drohung überbrachte. Unfähig auch nur eine Silbe zu sprechen, blieb Marietta nichts weiter übrig, als zuzuhören, wie der Besucher berichtete:

„Gott hat mich gesandt!"

Jetzt war Marietta völlig klar, dass sie es mit einem schwer gestörten Mann zu tun hatte. Innerlich errechnete sie ihre Überlebenschancen auf einen noch geringeren Prozentsatz als die FDP bei den nächsten Bundestagswahlen.

Merkwürdigerweise war dieses Wissen zwar in ihrem Kopf präsent, aber ihr Körper schien sich dennoch langsam zu entspannen. Das warme, helle Licht schien sie ganz einzuhüllen und die Stimme erreichte scheinbar ihr Herz, ohne den üblichen Umweg über Ohren und Gehirn. Ihr war, als ob sie die ganze Situation aus der Ferne beobachtete und auf ihren eigenen Körper von oben herunter blicken konnte. Sie wurde einfach nicht schlau aus dem, was sich hier offensichtlich ganz real abspielte.

Als die strahlende Gestalt sie ganz direkt fragte, ob sie wirklich dachte, dass Gott einen Fehler gemacht hätte, war ihr Körper bereits derart befriedet, dass sie mittlerweile durchaus zur Artikulation einer Antwort in der Lage war. Allerdings verstand sie die Frage nicht ganz und so blickte sie nur einigermaßen verständnislos in Richtung des Besuchers, der ganz offensichtlich von sich selbst behauptete ein Bote Gottes, also ein Engel, zu sein. Noch einmal wiederholte dieser seine Frage:

„Denkst du wirklich, Gott hat einen Fehler begangen?“, versuchte er nochmals sein Glück.

„Ja!“ Marietta überraschte sich selbst mit einer derart klaren und lauten Antwort. Aber es stimmte ja. Noch vor wenigen Stunden hatte sie genau dieses Gott in ihrem Gebet vorgeworfen. Und sie blieb dabei: ihr den geliebten Vater weg zu nehmen, der ein so guter Mensch gewesen war, musste einfach nur ein Fehler Gottes gewesen sein!

Der Engel fragte, was sie denn an Gottes Stelle gemacht hätte.

„Ich hätte ihm rechtzeitig eine Spenderleber besorgt. Dann hätte er weiterleben können.“

Bei dieser Behauptung hob sie stolz ihren Kopf und fühlte sich auf eine eigenartige Art und Weise dem eindeutig mächtigeren Wesen neben ihren Füßen dennoch überlegen. Dieses schien jedoch davon nichts zu bemerken uns sprach unberührt weiter:

„Gott liebt dich, Marietta. Sehr sogar. Er will, dass du ihm vertraust.“

Marietta reagierte ungehalten:

„Ich will ihm ja vertrauen, aber er hat mir den Vater genommen. Wie soll ich da glauben, dass er es gut mit mir meint? Er hätte dafür sorgen müssen, dass er eine Spenderleber bekommt."

Diese eindeutig trotzige Reaktion quittierte der Engel ganz sanft mit einer weiteren Frage:

„Bist du dir da ganz sicher?"

„Selbstverständlich!" lautete die Retoure der Halbwaisin. Natürlich war sich Marietta da sicher. Sie hatte schließlich die letzten Wochen und Monate nichts anderes gedacht und gebetet. So konnten ihr gar keine Zweifel über die Wahrheit ihrer Aussage in den Sinn kommen.

Während sie noch diesen Gedanken zu Ende dachte, war sowohl das Licht als auch die Gestalt innerhalb nur einer Millisekunde komplett verschwunden. Sie blieb zurück in der Dunkelheit, als wäre das Ganze gerade überhaupt nicht passiert. Und tatsächlich war sich Marietta nun gar nicht mehr so sicher, ob es sich nicht wirklich nur um einen sehr real wirkenden Traum gehandelt hatte, aus dem sie soeben erwacht war. Zu abwegig schien ihr der Gedanke, gerade Besuch von einem Engel gehabt zu haben. Überhaupt, wer über zehn Jahren glaubte denn schon noch an Engel? Sie schüttelte ihre zottelige Mähne und legte sich auf die linke Seite. Dabei konnte sie einen Blick auf die Uhr erhaschen 3:42 Uhr. Wenn sie jetzt schnell einschlief, konnte sie immerhin noch gut vier Stunden schlafen. Und das hatte sie nach diesem intensiven Traum auch bitter nötig.

8

Marietta war es, als hörte sie aus der Ferne einen durchdringenden Alarmton. Sie gleitete langsam aus ihrer geschützten Traumwelt wieder in die harte Realität der Gegenwart, um festzustellen, dass der beunruhigende Ton durchaus eine Warnfunktion inne hatte: Er sollte sie vor der grausamen Tatsache warnen, dass gerade wieder ein trostloser Tag ohne ihren Vater begonnen hatte.

Es fiel Marietta schwer, sich auch nur so weit zu motivieren, überhaupt die Augen aufzuschlagen. Von weiterem körperlichen Aktionismus ganz zu schweigen. Sie erschrak kurz, als sie sich selbst laut seufzen hörte, aber der Schreck hielt nicht lange an. Als ihre Lebensgeister in Form einer beschleunigten Blutzirkulation allmählich zurückkamen, fiel ihr auch augenblicklich wieder dieser merkwürdige Traum der letzten Nacht ein.

Sofort lief ihr ein Schauer über den Rücken. Sie schüttelte sich, als könne sie damit ihre Erinnerungen loswerden, aber das ungute Gefühl schien sich bereits in ihrem Inneren häuslich eingerichtet zu haben. Noch ehe sie ihren emotionalen Zustand weiter analysieren konnte, hörte sie ihre Mutter rufen:

„Marietta, bist du fertig?"

Diese Ansage riss Marietta förmlich aus ihrer Lethargie. Was hatte sie denn nun schon wieder verpasst? Sie war ehrlich verwirrt. Offensichtlich hatte sie ihrer Mutter gestern mal wieder nicht genug Aufmerksamkeit geschenkt. Das passierte ihr leider öfter, als sie es eigentlich wollte. Immer wenn ihre Mutter sprachlich so richtig Fahrt aufgenommen hatte, sprudelten aus ihr mehr Worte, als Asche aus einem hochaktiven isländischen Vulkan mit unaussprechlichem Namen. Und da konnte es schon mal passieren, dass Marietta trotz größter Anstrengung und ebensolchem töchterlichen Verantwortungsbewusstsein, die eine oder andere Botschaft nicht vollständig aufnahm. Genau so etwas musste wohl gestern wieder einmal passiert sein. Anders konnte sie sich die frühmorgendliche Anfrage ihrer Mutter beim besten Willen nicht erklären. Schließlich hatten sie doch gestern alle bürokratischen und sozialen Aufgaben bezüglich der bevorstehenden Beerdigung ihres Vaters bereits vollständig erledigt. Was könnte also heute in aller Frühe auf dem Plan stehen?

Das Dumme daran war nur, dass sie ihre Mutter nicht danach fragen konnte. Zumindest nicht ohne damit ihr persönliches Fehlverhalten einzugestehen. Und genau das war das Letzte, was sie in der jetzigen Situation wollte. Damit würde sie ihre Mutter nur unnötig verletzen und dazu liebte sie sie einfach zu sehr. Also beschloss sie einfach, sich schnellstmöglich fertig zu machen und herauszufinden, was ihre Mutter für Pläne hatte.

In rekordverdächtiger Zeit schaffte Marietta es, sich in einen einigermaßen zivilisiert wirkenden Menschen zu verwandeln. Sie begab sich die innen liegende Treppe nach oben und versuchte ihre Unwissenheit zu überspielen, indem sie in die Wohnung ihrer Mutter hinein rief:

„Hier bin ich schon!“

Als hätte sie nur auf dieses Stichwort gewartet, erschien Gloria wie aus dem Nichts und blickte sie mit hochgezogenen Augenbrauen an:

„Das nennst du schon? Wir wollten doch um neun Uhr im Krankenhaus sein. Das können wir nun vergessen. Um diese Uhrzeit ist auf den Straßen viel zu viel los, um es in einer halben Stunde zu schaffen. Wir müssen doch rechtzeitig zur Visite dort sein. Ich möchte mit dem Arzt sprechen – dein Vater kann das ja wohl schlecht selbst machen.“

Marietta dachte, sie höre nicht recht. Was hatte ihre Mutter da eben von sich gegeben? Wieso wollte sie nochmal mit dem Arzt reden? Da gab es doch nichts mehr zu besprechen. Ihr Vater war tot. Was sollte ein Mediziner dazu noch fachlich beizutragen haben? Und überhaupt, wo brachte Gloria auf einmal ihren Galgenhumor her? *„Dein Vater kann das ja wohl schlecht selbst machen.“* Das grenzte doch an Geschmacklosigkeit. Und gerade an Geschmack und Stil mangelte es Gloria Helmig üblicherweise so ganz und gar nicht.

Marietta musste ihre Verwirrung wie eine blinkende Nachtclub-Reklame zur Schau gestellt haben, denn sogleich wurde sie von ihrer Mutter mit einem verständnislosen

„Sag mal, geht‘s dir heute nicht so gut oder schläfst du noch?“

auf ihren konfusen Gesichtsausdruck angesprochen.

Da sie durch diese Worte am Weiterspinnen ihres verwinkelten Gedankenkonstrukts gehindert wurde und ihr somit auch die Möglichkeit zu einer wenigstens halbwegs vernünftigen Schlussfolgerung verwehrt wurde, antwortete sie nur mit einem ausweichenden:

„Ich weiß auch nicht so recht, wahrscheinlich bin ich wirklich noch nicht so ganz wach."

Sie versuchte ein überzeugendes Lächeln hinzubekommen, was ihr offensichtlich gar nicht so schlecht gelang, denn ihre Mutter war schnell wieder zu ihrem eigentlichen Tagesordnungspunkt übergegangen:

„Ja, ja. Es war ja auch ein langer Tag gestern. Komm aber jetzt – wir müssen uns nun wirklich beeilen."

Ohne eine Antwort ihrer Tochter abzuwarten, stürmte sie zur Tür hinaus und Marietta blieb nichts weiter übrig, als ihr hinterher zu eilen.

Sie schaffte es gerade so, ihre Mutter an ihrem Auto eingeholt zu haben. Selbstverständlich war es Mariettas Aufgabe den Chauffeur zu geben. Ihre Mutter besaß zwar einen Führerschein, aber der Stadtverkehr war ihr stets zu furchteinflößend gewesen, so dass immer Robert oder eben Marietta den Vortritt am Steuer erhalten hatten und ihnen hatte es ja auch nie etwas ausgemacht. Also stiegen die beiden Frauen zügig in den Wagen und Marietta lenkte ihn routiniert in Richtung Krankenhaus ohne eigentlich den Grund dafür zu kennen.

Unterwegs geriet die Unterhaltung nicht so recht in Fluss, was vor allem der Tatsache geschuldet war, dass Marietta den Ausführungen ihrer Mutter genauso schwer folgen konnte, wie ein alternder Playboy den Tanzschritten seiner wesentlich jüngeren Geliebten.

Sie hörte ihre Mutter nur immer wieder etwas von einer Transplantation erzählen, was genauso sinnlos wie erschreckend klang und Marietta bekam wirklich Angst um den psychologischen Gesamtzustand ihrer Mutter. Versuchte Glorias Unterbewusstsein die Realität zu verleugnen, um sie vor einem völligen Zusammenbruch zu schützen? Was immer es war, es war jedenfalls weder normal, noch gesund. Und dazu kam noch, dass Gloria anscheinend fest entschlossen war, im Krankenhaus diese Show vor Publikum fortzusetzen.

Sie wird sich total blamieren und am Ende noch von den Ärzten dort zwangseingewiesen. Einer liebenden und fürsorgenden Tochter blieb wohl nichts anderes übrig, als einzugreifen. Etwas, das Marietta ein ganz und gar ungutes Gefühl in ihrer Magengegend verursachte. Aber hatte sie überhaupt eine Wahl?

Sie schluckte den üblen Geschmack der eigenen Feigheit hinunter, was bei ihr einen bitteren Gesichtsausdruck hinterließ. Es half alles nichts. Da musste sie nun einfach durch. Vor allem, weil die Zeit langsam knapp wurde.

Sie konnte zwar das Tempo ihres Kleinwagens im Bereich eines altersschwachen Maulesels halten, aber selbst dann wäre es nur eine Frage von Minuten.

Sie atmete noch einmal tief ein und begann mit leicht zittriger Stimme zu sprechen:

„Äh..., Mama?"

Oh mein Gott, dachte sie nur, wie soll ich ihr bloß schonend beibringen, dass ihr Ehemann tot ist? Wer weiß, wie sie das auffassen wird? Was, wenn sie dann einen Zusammenbruch erleiden würde?

Doch ehe sie alle besorgniserregenden Gesprächsverlaufs-Varianten kognitiv durchspielen konnte, antwortete ihre Mutter mit einem auffordernden

„Ja mein Schatz, was ist?"

Jetzt lag es an ihrem verbalen Feingefühl, nicht nur den richtigen Ton zu treffen, sondern auch die gesamte Klaviatur der sanften Diplomatie perfekt abzuspulen.

„Mama", begann sie vorsichtig „was genau möchtest du denn mit Dr. Borchert besprechen?"

„Dr. Borchert?", kam die erstaunte Rückfrage.

„Naja, so heißt doch der Chefarzt der Inneren, oder nicht?", versuchte Marietta das Erinnerungsvermögen ihrer Mutter aufzufrischen.

„Marilein, wie kommst du denn darauf, dass ich mit Dr. Borchert sprechen möchte? Er hat deinen Vater doch gar nicht operiert?",

Gloria schüttelte kräftig den Kopf, um ihrem Unverständnis über die offensichtliche Unkenntnis ihrer Tochter Nachdruck zu verleihen.

Doch diese war bezüglich der letzten Bemerkung nun ihrerseits mehr als verwirrt.

„Operiert? Aber Mama, Papa wurde doch nicht operiert. Da scheinst du was zu verwechseln“, wagte sich Marietta nun ein wenig voran.

„Verwechseln? Ich? Marilein, was ist denn heute nur mit dir los? Hast du denn den gestrigen Tag komplett vergessen?“ Gloria schien wirklich äußerst irritiert zu sein.

„Nein Mama, ich hab den gestrigen Tag nicht vergessen. Wie könnte ich. Wahrscheinlich werde ich diesen Tag mein ganzes Leben nicht mehr vergessen können. Aber du scheinst gestern völlig zu ignorieren.“

Anscheinend musste sie doch ein wenig deutlicher werden, um ihre Mutter aus ihrer offensichtlichen Traumwelt herauszubekommen. Das Dumme war nur, dass sie in Kürze das Ziel ihrer Fahrt erreicht haben würden. Es blieb also nur wenig Zeit für eine Samthandschuh-Behandlung.

„Marietta Cecilia Helmig, wie sprichst du denn mit deiner Mutter?“

Jetzt hatte wohl auch Gloria die Samthandschuhe abgestreift und gegen etwas stabilere Modelle eingetauscht. Sie war ungewöhnlich laut geworden und blickte Marietta recht aufgebracht an. Prompt wurde diese auch von ihrem schlechten Gewissen eingeholt, das sich schon ihr halbes Leben immer dann zu Wort meldete, wenn ihr Geduldsfaden gegenüber ihrer Mutter ähnlich strapaziert war, wie die Nerven einer Grundschullehrerin im ADHS-Förderunterricht. Aber was sollte sie denn sonst machen, um ihre Mutter zur Vernunft zu bringen? Gloria unterbrach ihre Schuldgefühle jedoch recht unsanft, indem diese kein Dezibel leiser fortfuhr:

„Ich versteh dich einfach nicht. Da haben wir doch monatelang dieser Transplantation entgegen gefiebert und nun verhältst du dich so?“

Am liebsten hätte Marietta eine Vollbremsung hingelegt, aber sie wollte im momentanen Zustand ihrer Mutter nicht auch noch den Grund für eine Vollsperrung der Stadtautobahn liefern. Sie versuchte sich zu konzentrieren. Die Klinik war nur noch wenige Minuten entfernt. Was hatte ihre Mutter nur immer mit der Transplantation? Hatte sie sich dieses Wunschdenken zurechtgelegt, um der Trauer zu entkommen? Wie sollte sie nun reagieren? Angesichts der drängenden Zeit, blieb ihr nur der mutige Schritt nach vorne.

„Mama, ich weiß, du bist etwas durcheinander. Das alles war schon ziemlich heftig für deinen... naja... ich meine... für dich“, stammelte Marietta und versuchte ihrer Mutter verständnisvoll zuzulächeln, was nicht nur wegen des Fahrens gar nicht so einfach war. Aber diese nonverbale Botschaft schien bei der aufgebrachten Gloria nicht eindeutig angekommen zu sein. Sie hörte gar nicht mehr mit dem Kopfschütteln auf. Die anderen Autofahrer mussten sie für eine gealterte Heavy-Metal-Braut halten, die sich im Auto zu ihrem Lieblingssong im Headbangen übte. Vielleicht warteten sie schon gespannt auf das gleich folgende Luftgitarrensolo.

Marietta konnte sich nicht helfen, aber genau diese obskuren Gedanken machten sich in diesem ungünstigen Augenblick in ihrem Großhirn breit, wie der Fischgeruch frühmorgens auf dem Hamburger Fischmarkt. Zu allem Überfluss waren sie nun auch schon an der Parkhauseinfahrt des Klinikums angekommen und Marietta befürchtete, dass sich ihre Mutter wohl vehement weigern würde, auch nur ein weiteres Wort mit ihrer aufmüpfigen Tochter zu wechseln. In der zweiten Parkebene nahm Marietta einen letzten verzweifelten Anlauf, wobei ihrem Mut sicherlich zu Gute kam, dass sie während der Fahrt die Augen auf ihren Weg gerichtet lassen musste und sie somit drum herum kam, ihre Mutter direkt anzusehen.

„Mama, ich...“, doch weiter kam sie nicht.

„Schluss jetzt! Ich will keinen Ton mehr hören. Nicht dass deine psychisch gestörte Mutter noch einen Nervenzusammenbruch bekommt!“

Beleidigt zog sie eine Grimasse und blickte grimmig und stur geradeaus. Es war klar, dass diese Unterhaltung beendet war. Marietta parkte den Wagen und gab sich geschlagen. Sollte sich doch ihre Mutter ruhig blamieren. Was ging sie das an? Gloria Helmig war eine erwachsene Frau. Und überhaupt, die Ärzte hier im Krankenhaus waren sicherlich geübt im Umgang mit traumatisierten Angehörigen. Sie würden schon wissen, wie sie ihre Mutter in die Realität zurückführen konnten.

Sie musste sich ganz schön beeilen, um der älteren Dame hinterher zu kommen. Man sollte nicht glauben, wie schnell eine 64-jährige aus einem Auto klettern und in Richtung Klinikeingang spurten konnte. Sie musste sich dieses Talent ihrer Mutter unbedingt merken, um entsprechend kontern zu können, falls irgendwann mal wieder die Sprache auf ihre genetisch bedingte Unsportlichkeit kam.

Aber jetzt galt es erstmal Schritt zu halten, um ihre Mutter nicht komplett aus den Augen zu verlieren. Während ihres Treppenhaus-Spurts, der nebenbei bemerkt Marietta mit dem Gedanken spielen ließ, ihre Mutter für die Altersklasse beim nächsten Sturm auf das Empire State Building anzumelden, hörte sie nur noch die Order:

„Wir treffen uns auf der Intensivstation. Ich muss sehen, dass ich Dr. Eppinger erwische!"

Wer war denn jetzt schon wieder dieser Dr. Eppinger? Und warum rannte ihre Mutter wie eine Wahnsinnige in Richtung Intensivstation? Und hoffentlich war die Psyche von Gloria Helmig nur halb so gut konditioniert, wie ihre läuferische Verfassung.

Sie hing wohl noch derart ihren Gedanken hinterher, dass sie die Frau total übersehen hatte, die quasi aus dem Nichts vor ihr aufgetaucht war. Natürlich sorgte der Überraschungsmoment für einen direkten Kräftevergleich, bei dem Mariettas zierliches Gegenüber erwartungsgemäß den Kürzeren zog. Sie landeten beide recht unsanft auf dem Boden, wobei Mariettas Landung durch die fremde Frau ziemlich abgemildert wurde. Sie wollte lieber gar nicht erst wissen, wie sich der lebendige Aufprallschutz unter ihr fühlte. Mühsam sortierte sie ihre Knochen in die altbewährte Anordnung und half ihrer Unfallgegnerin ebenfalls wieder auf die Beine. Nicht ohne dabei unentwegt sämtliche Entschuldigungen zu stammeln, die ihr gerade so in den Sinn kamen.

Sie war wohl so damit beschäftigt, ihre Gliedmaßen zu sortieren, dass sie erst nach einer gefühlten Ewigkeit das kleine Mädchen bemerkte, das stumm dastand und das ganze Szenario scheinbar ohne Gefühlsregung aus der Ferne betrachtete. Marietta strich ihre Kleidung glatt und wandte sich nochmals entschuldigend an die Frau, die sie gerade über den Haufen gerannt hatte.

Erst jetzt blickte sie in das Gesicht der Frau. Das erste, was ihr dabei auffiel, waren die rot verquollenen Augen mit den tiefen dunklen Schatten darunter. Diese Frau hatte definitiv viel geweint und wenig geschlafen.

Ihr fiel auf, dass sie von ihrem Gegenüber ebenfalls gemustert wurde.

„Marietta?“,wurde sie nun wiederum angesprochen und da fiel der Groschen: diese traurig wirkende Gestalt war Hildegard Ströher, geborene Mayerhofer und hatte einst mit ihr zusammen die Schulbank gedrückt.

„Mein Gott, Hildi bist du‘s?“

Noch ehe Marietta die letzten Silben laut ausgesprochen hatte, fiel ihr auf, wie uncharmant das klingen musste. Schließlich kann man es nicht gerade als Kompliment auffassen, wenn man von einer Schulfreundin nach ein paar Jahren nicht mehr wieder erkannt wurde. Allerdings war diese gerade nicht in der emotionalen Verfassung, um derartige Feinsinnigkeiten zu bemerken. Hildegard sah tatsächlich nicht besonders gut aus und dieses Urteil fasste Marietta völlig unabhängig von deren optischer Erscheinung. Sie wirkte, als hätte sie wirklich Schlimmes durchgemacht. Ihr Räuspern holte Marietta zurück in die Gegenwart.

Oh mein Gott, ich muss sie die ganze Zeit angestarrt haben wie ein Kind seinen Goldfisch, wenn er in seinem Glas mit dem Bauch nach oben schwimmt, dachte sie.

„Ja, ich bin's."

kam die schüchterne Antwort auf Mariettas Ungläubigkeit. Und ehe diese sich versah, hörte sie sich selbst mit Anlauf in ein Ganzkörper-Fettnäpfchen springen, indem sie fragte:

„Was machst du denn hier?"

Dabei hätte Marietta doch nur eins und eins zusammen zählen müssen: Die Tatsache, dass sie sich in einem Klinikum befand, plus ihre offensichtlich miserable Verfassung, waren als Indizien für eine entsprechende Beantwortung ihrer Frage völlig ausreichend.

„Bernhard, mein Mann..." , sie senkte ihren Blick, um die aufsteigenden Tränen zu verbergen, was ihr aber aufgrund eines verräterischen Schniefens nur mittelmäßig gelang. „Entschuldigung", fuhr sie mit zittriger Stimme fort „es ist noch so frisch. Er ist gestern gestorben und ich bin hier, um seine Sachen abzuholen."

Nun konnte sie ihre Tränen nicht länger zurückhalten. Sie wurde von heftigen Weinkrämpfen geschüttelt als sie schluchzend das kleine Mädchen an sich drückte. Es war wohl ihre Tochter.

Marietta fühlte sich unglaublich unwohl mit der gesamten Situation. Sie wusste nicht, wie sie reagieren sollte. Und schon gar nicht, was sie sagen könnte. Bei den letzten beiden Sätzen hatte sie ja nicht gerade mit Feingefühl geglänzt. Im Gegenteil. Sie hatte sich schlimmer aufgeführt als ein deutscher Pauschalurlauber am Ballermann.

Also murmelte sie nur ein knappes

„Das tut mir so leid.“

Hildegard schien schon wieder etwas gefasster zu sein, denn sie wischte sich kurz mit einem Papiertaschentuch die Tränen aus dem Gesicht und putzte sich noch schnell die Nase, bevor sie erwiderte:

„Danke, aber du kannst ja nichts dafür. Es war ein Schlaganfall. Ganz plötzlich. Von jetzt auf gleich ist er einfach in sich zusammengesackt. Wir waren gerade bei Freunden zum Essen eingeladen. Der Mann meiner Freundin ist Arzt und hat sofort versucht, Bernd wiederzubeleben. Was ihm zunächst auch gelang. Bis der Notarzt eintraf, hatte er wieder einen Pulsschlag. Aber im Krankenhaus stellten sie dann fest, dass sein Gehirn schon zu stark geschädigt war. Sie haben ihn für Hirntot erklärt. Und weil er einen Organspendeausweis hatte... Oh mein Gott...“, sie begann wieder zu schluchzen „...bitte entschuldige, ich bin etwas durcheinander – jedenfalls haben sie ihm alles Verwertbare entnommenen. Ich weiß, es war sein Wille aber ich kann mir nicht helfen... Es fühlte sich trotzdem grausam an. Als hätten sie ihn ausgeweidet...“, schon wieder überkam sie eine Welle heftiger Weinkrämpfe.

Auch wenn es sich nicht ganz richtig anfühlte, Marietta war froh, dass sie ihre allzu plastischen Ausführungen beendete. Sie hatte sich zwar schon recht lange mit dem Thema Organspende befasst, aber um ehrlich zu sein, hatte sie dies immer nur recht einseitig getan. Aus Sicht der Spenderfamilie war es dann nochmals etwas ganz anderes. Das wurde ihr gerade ziemlich klar. Sie hatte schreckliches

Mitleid mit Hildegard und da sie nicht so recht wusste, was sie tun sollte, nahm sie ihre alte Schulfreundin einfach in die Arme, wartete bis diese sich etwas gefangen hatte und versuchte ein Ablenkungsmanöver, indem sie auf das Mädchen deutete und fragte:

„Ist diese bezaubernde junge Dame deine Tochter?"

Sogleich huschte so etwas wie ein Lächeln über das Gesicht der stolzen Mutter und Marietta freute sich über den gelungenen Coup, als Hildegard erklärte:

„Ja, das ist Jana-Joy, unser Sonnenschein." Sie beugte sich zu der Kleinen hinunter und forderte sie liebevoll auf: „Sag „Hallo" zu meiner alten Schulfreundin Marietta."

Das Mädchen sah sie mit ihren großen, traurigen Augen an und tat – etwas schüchtern – wie ihr geheißen. Marietta grüßte freundlich zurück. Auch wenn sie eigentlich mit Kindern nicht so richtig viel anfangen konnte, dieses Mädchen gefiel ihr irgendwie. Es mochte vielleicht vier, fünf Jahre alt sein und war wirklich süß. Es hatte kastanienbraunes Haar, das in wilden Locken sein zartes Gesicht umrahmte. Vielleicht lag es an der widerspenstigen Lockenpracht, die Marietta unweigerlich an ihre eigene Frisur erinnerte oder die Tatsache, dass die Kleine ebenfalls gerade ihren Vater verloren hatte, aber auf irgendeine merkwürdige Art und Weise fühlte sie sich mit diesem zarten und so zerbrechlich wirkenden Kind tief verbunden.

Sie ging in die Hocke, um auf Augenhöhe mit dem Mädchen zu sein, als sie es fragte:

„Wie alt bist du denn?"

Jana-Joy blickte zunächst unsicher zu ihrer Mutter und dann auf den Boden, als sie Marietta ungelenk vier ihrer winzig kleinen Fingerchen entgegen hob. Mühsam richtete sich Marietta wieder auf und wandte sich lächelnd an die Mutter des niedlichen Zwergs:

„Das ist aber ein hübsches Ding. Du musst wahnsinnig stolz auf sie sein."

„Ja, sie ist unser... ich meine, mein Sonnenschein."

Hildegard trat nervös von einem Bein auf das andere. Sie druckste etwas herum, bis sie schließlich ihren Mantel öffnete und mit einer Hand über den eindeutig gewölbten Bauch strich. Mit gesenktem Blick und brüchiger Stimme erklärte sie:

„Und mit einem Geschwisterchen schien unser Glück perfekt zu werden. Aber nichts ist so trügerisch und launisch wie das Glück. Jetzt stehe ich ganz alleine da. Mit zwei Kindern und völlig ohne Einkommen. Ich habe keine Ahnung, wie es weitergehen soll."

Sie legte eine kurze Pause ein und atmete tief durch, wahrscheinlich um die heraufsteigenden Tränen zurückzuhalten.

„Du weißt, dass ich immer schon ein gläubiger Mensch war. Schon in der Schule war ich aktiv. Ich habe viel erzählt und geredet. Vom wahren Leben hatte ich keine Ahnung. Als sich meine Eltern getrennt haben, konnte ich einen kleinen Einblick in die Realität da draußen bekommen aber trotzdem habe ich an meinem Gott festgehalten – nein – viel mehr hat er mich festgehalten. Aber jetzt,... Jetzt hab ich wirklich Angst, meinen Glauben zu verlieren. Vor allem, weil Bernhard nun nicht mehr da ist, um mich zu ermutigen. Er stand unwahrscheinlich fest im Glauben. Und jetzt fürchte ich mich davor, zu denken, es könnte alles umsonst gewesen sein."

Sie griff erneut zum Taschentuch und weinte leise hinein.

Mitten in einer fast unerträglichen Woge tiefen Mitgefühls, sah Marietta aus dem Augenwinkel eine Frau, die wild mit den Armen herumfuchtelte, als müsse sie gerade einen Eurofighter auf einem Flugzeugträger einweisen.

Noch bevor die Synapsen ihrer Großhirnrinde etwas mitteilen konnten, hatte ihr Unterbewusstsein die Frau als ihre Mutter identifiziert und ließ als physische Reaktion darauf, ihren Kopf knallrot anlaufen. Sie versuchte die resoluten Gesten zu ignorieren, mit denen ihre Mutter ihr unmissverständlich mitteilen wollte, dass sie nun endlich zu ihr kommen solle. Aus durchaus begründeter Furcht, ihre Mutter könnte herüber kommen, kramte sie jedoch in Windeseile eine ihrer Visitenkarten aus ihrer Handtasche und überreichte sie Hildegard mit der hastig formulierten Aufforderung, sie doch bitte und wirklich auch ganz sicher, heute Abend anzurufen. Sie entschuldigte kurzerhand ihren Auftritt wahrheitsgemäß damit, dass ihre Mutter auf sie wartete und verabschiedete sich zügig – nicht ohne nochmals deutlich zu machen, dass sie für ihre alte Freundin da sein werde.

Sie eilte zu Gloria, die sie natürlich mit recht unfreundlichen und vorwurfsvollen Worten empfing:

„Sag mal wo bleibst du denn? Musstest du ausgerechnet jetzt ein Schwätzchen halten? Wer war das überhaupt?"

Marietta verspürte wirklich keinerlei Drang, ihrer Mutter von der Begegnung mit Hildegard zu erzählen. Das wäre einfach nur kompliziert geworden. Gloria hätte alles bis ins kleinste Detail wissen wollen und sie wahrscheinlich dann auch noch gerügt, weil sie sich nicht nach dem Wohl von Hildi's Mutter Waltraud erkundigt hatte. Das war ihr momentan alles schlichtweg zu anstrengend, also antwortete sie nur:

„Ach, nur eine alte Bekannte.", was ja nicht wirklich gelogen war.

Aber ihre Mutter schien das Interesse schon wieder verloren zu haben, denn sie klärte Marietta ausführlich über das Gespräch mit diesem Dr. Eppinger auf. Davon verstand diese wiederum weniger als ein Astrophysiker von den Spielregeln des Dschungelcamps bei RTL. Sie trabte einfach brav nebenher und leistete auch kaum ernsthafte Gegenwehr, als man sie desinfizierte und komplett in Schutzkleidung steckte. Sie müsse unbedingt auch einen Mundschutz tragen, erklärte ihr eine Schwester, weil das Immunsystem bei einer Transplantation komplett heruntergefahren werden muss, da sonst das fremde Organ abgestoßen würde.

Alles ging so schnell und Marietta musste wohl auch noch sehr an das Erlebnis mit ihrer Schulfreundin denken, dass sie gar nicht registrierte, was um sie herum geschah.

Das machte den Schock, den sie nun erlebte, nur noch schlimmer. Auf scheinbar völlig unerklärlicher Weise fand sich Marietta plötzlich in einem Krankenzimmer wieder, das quasi bis unter die Decke vollgepackt war mit jedweder medizinischer Apparatur, die es in der westlichen Welt käuflich zu erwerben gab. Allerdings sollte sich das eigentliche Drama erst noch abspielen: Als Marietta näher an das Krankenbett herantrat, erkannte sie ihren Vater als denjenigen, der an all die Geräte angeschlossen war.

Das alleine wäre ja nichts wirklich Neues, Marietta hatte dies bereits die letzten Tage gesehen aber das wirklich verstörende war die Tatsache, dass er *lebte*.

9

Das erste, was Marietta über sich sah, war das Gesicht ihrer Mutter. Daneben herrschte geschäftiges Treiben. Einige Schwestern eilten zu ihr und im scheinbar selben Moment tauchte ein Arzt vor ihr auf, der ihr ohne große Umschweife oder langen Erklärungen ein Stückchen Zucker in den Mund schob, das mit einer fürchterlich schmeckenden Flüssigkeit getränkt war.

Der bittere, mentholartige Geschmack, ließ Marietta ihr Gesicht in eine wenig attraktive Grimasse verziehen, was eigentlich unglücklich war, da der verabreichende Arzt von recht ansehnlicher Gestalt war. (Außerdem konnte Marietta seine Hände während der Zwangsernährung mit dem Würfelzucker unfreiwillig genau in Augenschein nehmen und feststellen, dass er keinen Ehering trug. Eine mittlerweile automatisierte Wahrnehmung, die offensichtlich auch in den extremsten Ausnahmesituationen noch zu funktionieren schien.)

Sie fühlte sich nun etwas in Zugzwang, um ihre missliche Lage zu erklären oder wenigstens zu entschuldigen. Leider machte es ihr der krümelige Inhalt ihres Mundes unmöglich, mehr als ein Grunzen von sich zu geben ohne die gesamte Umgebung an ihrer bittersüßen Medikation teilhaben zu lassen. Also entschloss sie sich für die nonverbale Art der Kommunikation und versuchte ein entschuldigendes Lächeln aufzusetzen aber auch das gelang ihr mit den gefüllten Backentaschen nur sehr suboptimal.

Es war wohl eine Art neurologischer Schutzmechanismus, der sie in dieser surrealen Situation durch derartige Banalitäten vom eigentlichen Grund für ihren Zusammenbruch ablenkte. Tatsächlich war sie noch nicht dazu gekommen über das nachzudenken, was sie vor wenigen Minuten hier in diesem Zimmer gesehen hatte.

Leider erwies sich ihr kognitiver Panzer nicht gerade als Superheldentauglich und viel zu früh fuhr ihr lymbisches System wieder in den Standardmodus hoch. Die Erkenntnis, dass ihr Vater nur gut zwei Meter neben ihr lebend in einem Krankenbett lag, traf sie erneut mit einem emotionalen Vorschlaghammer und wäre ihr Kreislauf nicht soeben vom attraktiven Intensivmediziner gleich in zweifacher Hinsicht in ungeahnte Leistungsbereiche getrieben worden – sie wäre wohl erneut in Ohnmacht gefallen. Aber so blieb ihr nichts anderes übrig, sich der Situation zu stellen, auch wenn diese derart absurd war, dass sie immer noch parallel nach ebenso logischen, wie möglichen Erklärungen suchte.

Merkwürdigerweise war ihr allergrößter Herzenswunsch soeben offensichtlich erfüllt worden und sie machte sich nur Gedanken darüber, warum das in Wirklichkeit überhaupt nicht so sein konnte. Das grenzte ganz sicher an Schizophrenie. Und während Marietta sich mit ihrer psychologischen Großwetterlage beschäftigte, kam ihr plötzlich der Gedanke, dass sie womöglich tatsächlich krank sein könnte. Was, wenn nicht ihre Mutter die Nervenpatientin war, sondern sie selbst? Sie hatte gedacht, ihre Mutter käme mit der Realität nicht zurecht, dabei war sie selbst vor der Wahrheit geflüchtet. Aber wieso hatte sie das getan, obwohl alles in Ordnung war und ihr

Vater nicht gestorben war? Sie hatte doch gar keinen echten Grund dafür. Das alles gab einfach so überhaupt keinen Sinn. Sollte sie das Sterben ihres Vaters und den gestrigen Tag nur geträumt haben?

Und plötzlich fiel ihr eine weitere Möglichkeit ein: Roberts Tod und der gestrige Tag waren kein Traum gewesen, aber ihr abendlicher Besuch demzufolge eben auch nicht. Und sie wusste nicht, welche Variante ihr mehr Angst einjagte.

Nachdem sie wohl einige Minuten in ihrer unvorteilhaften Pose am Boden liegend verbracht hatte, wurde sie von einer Schwester gefragt, ob es ihr wieder besser ginge, was Marietta als Aufforderung verstand, sich endlich zurück in die Vertikale zu begeben. Sie versicherte ihr, dass sie wieder okay war und rappelte sich etwas mühsam auf. Ihre Mutter schien überzeugt zu sein und nahm ihre angestammte Position am Bett ihres Vaters ein.

Marietta folgte ihr mit etwas Abstand und hielt vor Anspannung unweigerlich den Atem an, als sie ans Bett herantrat. Da lag tatsächlich ihr Vater. Quicklebendig. Na ja, quicklebendig sah er zwar nicht gerade aus, aber die Monitore zeigten seine Vitalfunktionen eindeutig an. Er hatte seine Augen geschlossen und schien in einem tiefen Schlaf. Den Anblick der vielen Schläuche, die in seinem Körper steckten, war Marietta ja bereits gewöhnt und es erschien ihr, als bestünde kein wesentlicher Unterschied zu seinem gestrigen Zustand. Ihre Mutter unterbrach die stumme Situationsanalyse, indem sie ihr berichtete:

„Dr. Eppinger sagt, die Transplantation sei gut verlaufen. Wir müssen nun einfach abwarten, wie sein Körper auf das fremde Organ reagiert. Aber ich hoffe und bete einfach, dass alles gut wird. Ich meine, es muss doch etwas zu bedeuten haben, dass buchstäblich in allerletzter Sekunde ein passender Spender gefunden wurde. Das kann kein Zufall gewesen sein. Ich bin überzeugt, dass dies eine Gebetserhörung war, und wieso soll Gott so einen Aufwand betreiben, um ihn dann doch noch sterben zu lassen?"

Marietta hörte die letzten Worte gar nicht mehr. Sie war bei „Gebetserhörung" zusammen gezuckt, als hätte ihr jemand einen elektrischen Schlag versetzt. Langsam nahm das Ganze beängstigende Züge an.

Konnte es sein, dass ihre Mutter Recht hatte? War es möglich, dass Gott ihr gestriges Gebet wirklich erhört hatte? Hatte er seinen Fehler wieder gut gemacht? Das Sterben und all die Trauer, einfach ungeschehen gemacht?

Das war unglaublich. Und überforderte Marietta total. Sie bat ihre Mutter:

„Mama, können wir bitte nach Hause gehen, ich fühl mich doch nicht so gut. Ich glaube, das alles war einfach etwas viel. Und Papa ist ja hier in den besten Händen, momentan können wir nichts für ihn tun. Dann kommen wir einfach heute Abend nochmal her. Dann ist er bestimmt auch wach. Doch jetzt würde ich mich einfach gerne ein wenig hinlegen, um wieder zu Kräften zu kommen."

Gloria zeigte sich überzeugt und einverstanden, so machten sie sich auf, natürlich nicht ohne sich noch schnell von ihrem Mann zu verabschieden. Auch Marietta streichelte mit ihrer behandschuhten Hand kurz über die Wange ihres Vaters und verließ das Zimmer. Sie streiften die Schutzkleidung ab und machten sich auf den Heimweg.

10

Zuhause war Marietta erst mal froh, als sie sich in ihre Wohnung zurückziehen konnte. Sie musste dringend nachdenken und dazu musste sie allein sein. Ihre Mutter hatte dafür großes Verständnis gezeigt, ohne dabei allzu besorgt zu sein. Damit war das eines der wenigen Dinge, über die sich Marietta Helmig nun nicht den Kopf zerbrechen musste. Aber ihre Liste war trotzdem noch lange genug. Allein die Tatsache, dass ihr Vater lebte, hatte sie derart verwirrt, dass sie noch keine Zeit gefunden hatte, sich darüber zu freuen.

Nach dem emotionalen Abschied und seinem Sterben in ihrem Beisein, war sie noch zu sehr in ihrer Trauer gefangen gewesen, als dass andere Gefühle überhaupt bis in ihr Herz hätten durchdringen können. Ihr Hauptanliegen war im Moment, das Geschehene erst einmal zu sortieren und einzuordnen, bevor sie sich in der Lage sah, zu beurteilen, was sie davon halten wollte.

So wie sie das alles sah, gab es genau zwei Möglichkeiten: Erstens: Sie hatte den Tod ihres Vaters und die dazugehörigen Erlebnisse nur geträumt. Oder zweitens: Sie hatte gestern Nacht tatsächlich Besuch von einem Engel gehabt und Gott hatte ihre Beschwerde bezüglich seines – für ihren Vater tödlich verlaufenden – Fehlers akzeptiert und korrigierend eingegriffen. Und mal ehrlich, welche der beiden Erklärungen klang denn nun einleuchtender?

Dumm nur, dass sich der vermeintliche Traum mit jedem noch so kleinen Detail in ihre empfindsame Seele förmlich eintättowiert hatte und dies so schmerzhaft war, dass es sich dagegen alles andere wie eine Wellness-Behandlung anfühlte.

Ihr Handy klingelte und das dadurch erzeugte Aufschrecken bewies Marietta, dass sie sich wohl tatsächlich bei ihrer ausgiebigen Gehirnakrobatik derart angestrengt haben musste, dass sie vor Erschöpfung kurz eingenickt war. Hastig versuchte sie das Mobiltelefon zu orten. Leider verfügte sie nicht annähernd über eine mit der NSA vergleichbaren Technologie und musste sich allein auf ihre menschlichen Sinne verlassen. So dauerte es eine gefühlte Ewigkeit, bis sie ihr Smartphone in den unendlichen Tiefen ihrer riesigen Handtasche herausgefischt hatte, als wäre es ein glitschiger Koi. Buchstäblich beim allerletzten Klingeln presste sie das Annahmefeld auf dem Touchscreen, ohne vorher einen Blick auf den angezeigten Anrufer beziehungsweise auf dessen Nummer werfen zu können.

"Marietta Helmig", meldete sie sich etwas außer Atem von der Angelpartie.

Zu ihrer großen Überraschung meldete sich Hildegard am anderen Ende der Leitung:

„Hallo Marietta, ich bin's, Hildegard. Ich weiß, du sagtest, dass ich mich heute Abend melden soll, aber ich bin in einer Notlage und du hattest mir doch deine Hilfe angeboten. Ich weiß echt nicht, wen ich sonst fragen könnte. Ich muss noch die ganzen Formalitäten mit dem Bestattungsinstitut klären und kann doch Jana-Joy dazu schlecht mitnehmen. Ich würde sie ja bei meiner Mutter lassen, aber dann müsste ich wiederum alleine zum Bestatter und ich fürchte, das kriege ich nicht hin. Mir fehlt einfach die Kraft dazu. Bernhards Eltern leben auf Mallorca und versuchen schnellstmöglich einen Flug zu bekommen. Bis dahin stehe ich also ziemlich alleine da. Die meisten meiner Freunde arbeiten tagsüber. Und mein Vater... Naja... Zu ihm habe ich schon lange keinen guten Kontakt mehr... Ich meine, ich mag ihn schon, aber seit der Scheidung... Seine... äh... neue Frau... sie ist einfach nicht..."

Dabei wurde ihre Stimme zunehmend dünner als die Oberarme eines Magermodels. Sie schluckte und Marietta konnte förmlich spüren wie sehr Hildegard sich anstrengte, um ihre Tränen im Zaum zu halten. Die längere Pause, die jetzt entstand, war für beide Seiten mehr als unangenehm. Das setzte Marietta schon etwas unter Druck. Sie wollte einfach nur etwas sagen, damit ihre Schulfreundin eine reelle Chance hatte, ein normales Maß an Fassung zurück zu erlangen. Und da ihr die entsprechende Zeit zum Überlegen fehlte, ertappte sie sich selbst dabei, wie sie losplapperte:

„Hildi, das ist doch völlig verständlich. Und natürlich geht das total in Ordnung. Die Kleine kann natürlich bei mir bleiben. Ich passe gerne auf sie auf. Du kannst dir alle Zeit nehmen, die du brauchst. Ich bin sehr froh, dass du mich angerufen hast. Ich helfe dir doch echt gern. Du musst wissen, dass mir das alles sehr leid für euch tut."

Hildegard hatte offensichtlich ihre Contenance wieder erlangt, denn sie ließ ihre Gesprächspartnerin nicht weiter reden, sondern meinte nur: „Vielen Dank, das ist so lieb von dir. Auf dich war eben schon immer verlass. Und mach dir wegen uns nicht so viele Gedanken. Du kannst ja nun wirklich nichts dafür.“

Und genau dieser letzte Satz, diese sieben kleine, an sich bedeutungslosen Worte, führten bei Marietta zu einer wahren Hitzewelle, die in ihrem Körper aufstieg. Was oberflächlich betrachtet ein Vorgeschmack auf kommende menopausierende Tage hätte sein können, war eine deutliche physische Manifestation ihrer bislang nur unbewusst unterdrückten Schuldgefühle, die sich in den von Hildegard ausgesprochenen Worten gewaltsam ihren Weg bahnten, wie ein mächtiger Tsunami. Marietta war wieder mal dankbar, dass sich Bildtelefone nie richtig durchgesetzt hatten. Das hätte im vorliegenden Fall für eine extreme Beanspruchung der Rotkanäle gesorgt.

Allein die irrwitzige Vorstellung, dass ihr Besucher der vergangenen Nacht etwas damit zu tun haben könnte, verbunden mit der Tatsache, dass dieser somit real gewesen war, führte bei Marietta zu einem kompletten Verlust ihres Sprachvermögens. Die dadurch entstandene, peinliche Pause bemerkte sie aber erst, als am anderen Ende der Leitung ein lautes Räuspern zu vernehmen war. Schnell versuchte sie irgendwo so etwas wie ihre Fassung wieder zu finden und sagte deshalb vielleicht einen winzigen Tick zu forsch:

„Okay, also bringst du Jana-Joy vorbei oder soll ich sie irgendwo abholen?“

Sollte sich Hildegard über das Verhalten ihrer Gesprächspartnerin gewundert haben, ließ sie sich nichts anmerken und erwiderte nur:

„Nein, nein, bitte mach dir keine Umstände. Ich bringe sie dir vorbei. Ich habe auf deiner Visitenkarte gesehen, dass du immer noch in eurem alten Haus wohnst und das liegt quasi auf dem Weg. Ich wäre so in 20 Minuten bei dir, passt das?"

Marietta versicherte es ihr, klärte sie über den separaten Eingang zur Einliegerwohnung auf und verabschiedete sich.

Sie wollte unbedingt die verbleibenden 20 Minuten zum Nachdenken ausnutzen, bevor sie gleich ihre nicht vorhandenen Babysitter-Fähigkeiten zur Unterhaltung einer Vierjährigen einsetzen musste. Außerdem plagte sie noch ein ganz anderes Problem: Dieses war genau ein Meter neunundsechzig groß und hieß Gloria Helmig. Wie sollte sie es nur anstellen, dass ihre Mutter nichts von ihrem Besuch mitbekam? Es ging ihr nicht darum, dass sie Geheimnisse vor ihrer Mutter bewahren wollte, sondern vielmehr wusste sie einfach nicht, wie sie den Zusammenhang erklären sollte. Sie konnte ja schlecht sagen: „Hallo Mama, das ist Jana-Joy, die Tochter von Vaters Leber-Spender Bernhard Ströher."

Schließlich gab es gute Gründe, warum die Identität von Organspendern nicht an die Empfänger weiter gegeben wird. Zudem wusste auch Hildegard nichts über die tragischen Umstände und Verknüpfung ihrer aller Schicksale. Sie selbst hatte ja noch nicht einmal die Zeit gehabt, das alles zu verarbeiten.

Also blieb die Frage, wie konnte sie Gloria aus der Schusslinie bekommen? Damit fühlte sie sich aber in ihrem momentanen Zustand komplett überfordert. Und die Zeit lief ihr langsam aber sicher davon. Es war einfach zum Verzweifeln. Doch ganz plötzlich kam ihr eine scheinbar verwegene Idee: Warum wandte sie sich nicht einfach erneut mit ihrem Problem an Gott? Ihr gestriger Besucher, sein ‚Bote', hatte ihr ja versichert, dass ER sich für sie und ihre Sorgen interessiert. Außerdem hatte er ihr Gebet schon einmal erhört. Zugegeben, sie hatte sich noch nicht wirklich entschieden, ob ihr die Art und Weise gefiel, aber reagiert hatte er unglaublicherweise definitiv.

Also versuchte sie gleich zum zweiten Mal innerhalb von nur 24 Stunden ernsthaft ihr Glück beim Allmächtigen. Das war mehr als in gut 20 Jahren davor. Und so betete Marietta laut vor sich hin:

„Lieber Gott, ich weiß, ich hab in den letzten Jahren nicht viel von dir wissen wollen. Das tut mir leid. Aber jetzt bin ich in einer sehr schwierigen Situation; um nicht zu sagen in einer ausweglosen. Ich fürchte mich davor, dass meine Mutter oder Hildegard erfahren, was passiert ist. Ich verstehe es ja selbst nicht. Wie könnte ich es da jemand anderes erklären? Bitte sorg doch du dafür, dass meine Mutter nichts von meinem Besuch mitbekommt. Danke. Amen."

Kaum hatte sie die letzten Worte ausgesprochen, rief ihre Mutter die Treppe hinunter:

„Marietta, ich geh kurz zu Tante Annedore. Sie hat mich auf

eine Tasse Kaffee eingeladen und will, dass ich ihr alles von der Transplantation erzähle. Spätestens in zwei Stunden bin ich wieder zurück, dann können wir ja wieder ins Krankenhaus fahren. Bis dahin fühlst du dich bestimmt auch besser."

Auch wenn Marietta letzteres stark anzweifelte antwortete sie:

„Alles klar Mama! Bis später dann. Und grüß mir Tante Annedore und Onkel Kilian!"

Sie hörte ihre Mutter noch ein kurzes „Mach ich!" rufen, bevor die Haustür ins Schloss fiel. Dann musste sie sich erst mal hinsetzen.

Sie war regelrecht geschockt. Was war das gerade gewesen? Konnte es wirklich sein, dass Gott schon wieder seine Finger im Spiel gehabt hatte? Anders war der prompte Abgang ihrer Mutter nur schwer zu erklären. Natürlich konnte das alles auch nur ein Zufall sein, aber ganz ehrlich gesagt, sollte ihr Kontingent an Zufällen mittlerweile mehr als aufgebraucht sein. Und eigentlich war sie einfach zu realistisch, als dass sie an eine derartige Häufung von Zufällen glaubte. Sie musste ihre Beziehung zum Schöpfer unbedingt mal gelegentlich neu überdenken. Aber dazu blieb ihr im Moment keine Zeit.

Wie kurz 20 Minuten sein konnten, wurde Marietta just in dem Moment klar, als es zweimal an der Haustür klingelte. Sie musste feststellen, dass sie in ihren Gedankengängen nicht merklich vorangekommen war und zu aller Erkenntnislosigkeit kam noch hinzu, dass sie sich überhaupt nicht auf die nun anstehende Aufgabe vorbereitet fühlte. Was um alles in der Welt sollte sie nur so lange mit

Jana-Joy anstellen? Als sie zur Tür ging, fühlte sie sich zurückversetzt in ihre eigene Schulzeit und erinnerte sich überdeutlich an das mulmige Gefühl, wenn sie schlecht bis gar nicht auf eine Klassenarbeit vorbereitet war.

Sie öffnete ihre weiß gestrichene Haustür und begrüßte zuerst ihren kleinen Gast, bevor sie Hildegard umarmte. Die war derart in Eile, dass sie ihr nur kurz die Anweisung mitgab, Jana-Joy keine Nüsse zu geben, da sie allergisch darauf reagieren würde. Mehr brauchte sie wohl nicht zu wissen, denn kaum hatte Hildegard diese Worte ausgesprochen, machte sie kehrt und verabschiedete sich für die nächsten zwei Stunden. Die müssten laut ihrer Einschätzung ausreichen, um alles, für die Beisetzung erforderliche zu erledigen.

Marietta bat die Kleine herein, schloss die Haustür hinter ihr zu und atmete einmal tief durch, bevor sie ihr freundlichstes Gesicht aufsetzte und der Kleinen erstmal aus ihrer eigentlich etwas zu warmen Jacke half. Der Winter hatte sich zwar in den letzten Tagen noch einmal versucht aufzubäumen, aber nun gewann doch der Frühling langsam die Oberhand. So wie Marietta ihre alte Bekannte einschätzte, war sie eine sehr fürsorgliche und gute Mutter, die den noch kühlen Abenden mit wärmenden Kleidungsstücken aus der Winterkollektion begegnete.

„Na Jana-Joy, was sollen wir zwei Hübschen denn machen? Wollen wir etwas spielen oder möchtest du malen? Hast du Hunger oder Durst?"

Sie biss sich erst einmal kräftig auf die Unterlippe, als sie merkte, dass sie das Mädchen komplett überfahren hatte. Erneut füllte sie ihre Lungen mit einem tiefen Atemzug und versuchte, alle Anspannung gemeinsam mit dem Kohlenmonoxid auszuatmen. Sie startete nochmals einen Versuch und fragte ihren Gast erneut:

„Hast du Lust auf eine Runde Memory? Ich muss irgendwo noch eins mit Tieren drauf haben. Soll ich es suchen?"

Die Kleine nickte schüchtern und Marietta war schwer erleichtert, dass sie fürs Erste was gefunden hatte, das dem Kind gefallen könnte.

Fieberhaft suchte sie nach ihrem alten Tiermemory. Sie hatte es erst kürzlich in der Hand gehabt, als sie ihre alte Kommode gegen ein moderneres Modell ausgetauscht hatte. Nach wenigen Minuten fand sie das Spiel dann in ihrer alten Aussteuertruhe, die ihrem eigentlichen Zweck mangels heiratswilligem Partner längst entfremdet wurde und jetzt so ziemlich alles beherbergte, was sich sonst nirgendwo zuordnen ließ. Und das war angesichts Mariettas ausgeprägter Ordnungsallergie schon eine ganz beachtliche Menge.

Sie schnappte sich das Spiel und breitete es auf ihrem kleinen Buchenholztisch aus, der ihr im Alltag normalerweise recht gute Dienste als Esstisch leistete. Schon nach den ersten vier Paaren taute Jana-Joy merklich auf. Sie lachte triumphierend, wenn sie eine richtige Karte aufdeckte und auch Marietta hatte richtig Spaß an dem gemeinsamen Spiel. Zwar versuchte sie die Kleine möglichst unauffällig gewinnen zu lassen, aber sie war dennoch von der Gedächtnisleistung der Vierjährigen mehr als beeindruckt. Als Marietta schließlich ganz theatralisch ihren winzig kleinen Stapel gewonnener Kärtchen mit dem riesigen Turm ihrer Gegenspielerin verglich und dabei übertrieben ihre Niederlage bejammerte, kicherte Jana-Joy sogar ausgelassen, wie ein ganz normales Kind. Darüber freute sich Marietta mehr als über jeden Heimsieg ihrer Lieblingsmannschaft.

Doch plötzlich erstarb das Lachen und wich einem erschrockenen Gesichtsausdruck. Das Mädchen hielt sich mit beiden Händen den Mund zu, als wäre ihm seine Fröhlichkeit aufs Tiefste peinlich. Marietta fragte, was sie denn auf einmal habe und Jana-Joy antwortete mit schuldbewusster Mine:

„Papa ist gestorben, da muss ich doch traurig sein."

Das versetze Marietta einen heftigen Stich in ihr eigenes, noch immer mit Trauer gefülltes Herz. Sie versuchte dem Kind seine Schuldgefühle zu nehmen, indem sie es fragte:

„Glaubst du nicht, dass es deinem Papa lieber wäre, wenn du lachst, anstatt zu weinen? Du hast so ein schönes Lächeln."

Jana-Joy schien jetzt wirklich angestrengt nachzudenken. Sie presste die Lippen aufeinander und neigte ihr Köpfchen ein wenig zur Seite, so dass ihr eine rötlich schimmernde Locke ins Gesicht fiel. Sie blickte Marietta mit ihren riesigen, rehbraunen Augen an und sagte mit erstaunlich entschlossener Stimme:

„Ich glaube Papa wäre das Lachen lieber. Er mochte es nie, wenn ich weinen musste. Dann hat er mich ganz schnell getröstet. Aber

Mama weint auch und das gefällt Papa bestimmt nicht. Ich muss ihr das nachher unbedingt sagen." Nach einer weiteren kurzen Pause fügte sie hinzu: „Ich verstehe sowieso nicht, wieso mir Mama immer sagt, dass Papa jetzt bei Jesus ist und, dass es da so wunderschön ist und trotzdem ist sie so furchtbar traurig."

Jetzt war es offensichtlich an Marietta, darauf eine Antwort zu finden, denn Jana-Joy sprach nicht weiter und blickte sie stattdessen mit fragenden Augen druchdringend an.

Oh je, dachte sie sich, *jetzt soll ich der Kleinen etwas über den Tod und das Sterben erzählen. Ausgerechnet ich. Wo ich doch selbst total mit der ganzen Situation mit meinem Vater überfordert bin. Soll ich etwa sagen, dass mein Vater auch schon mal gestorben sei und ich wisse, wie sie sich fühle? Das wäre selbst für eine Vierjährige nur schwerlich glaubhaft.* Also versuchte sie einfach, ihre eigenen Gedanken einmal in Worte zu fassen und begann mit sanfter, leiser Stimme:

„Jana-Joy, auch wenn ich deinen Vater leider nicht gekannt habe, bin ich mir sicher, dass dein Vater ein toller Mensch war. Er hat sehr viel Gutes getan und deshalb wollte er auch, dass – wenn er einmal stirbt – wenigstens ganz viele andere Menschen weiterleben können, die ohne deinen Vater hätten sterben müssen. Er ist quasi wie ein Superheld, der sein Leben dafür gibt, damit die anderen Menschen gerettet werden können."

Und wie sie da so redete, fiel ihr auf, dass sie diese Geschichte in ihrem Leben schon unzählige Male – in einer anderen Variante – gehört hatte. Jesus Christus war gestorben, damit alle Menschen ewig leben können. Wow und sie hatte das eigentlich immer nur intellektuell begriffen. Jetzt war es auf einmal ganz praktisch und real. Natürlich wusste sie, dass der Vergleich gewaltig hinkte, aber in diesem Moment begriff sie zum ersten Mal ansatzweise, was man ihr so oft im Religionsunterricht, der Jungschar oder in der Kirche erzählt hatte.

Und sofort schämte sie sich. Zum einen, weil sie von diesem Angebot nie Gebrauch gemacht hatte und zum anderen, weil sie so völlig selbstsüchtig Gott darum gebeten hatte, dass er doch ihren Vater rettet ohne zu überlegen, dass das für andere Menschen, Menschen wie Hildegard und Jana-Joy, schreckliche Konsequenzen haben könnte.

Eine Träne kullerte ihr über die Wange und sie wischte sie schnell weg, weil sie ja eigentlich gerade dabei war, ihrer kleinen Besucherin zu erklären, warum sie nicht weinen musste. Also schluckte sie ihre schambehafteten Gefühle nochmals hinunter und nahm sich vor, dass sie das alles aufarbeiten wolle, wenn sie denn endlich einmal die Zeit zum Nachdenken finden würde. Sie wandte sich wieder dem Mädchen zu und erklärte ihr:

„Deine Mutter hat recht, wenn sie sagt, dass dein Papa jetzt bei Jesus im Himmel ist. Und dass es da supertoll ist, ist ja wohl sowieso klar. Natürlich fehlt dein Papa aber hier unten. Deine Mutter und du – ihr habt deinen Papa so lieb gehabt, dass es schon echt schade ist, dass er nicht mehr bei euch sein kann. Deshalb weint Mama manchmal und es ist total okay, wenn du auch weinen musst. Aber es ist auch völlig in Ordnung, wenn du lachen musst. Weil du ganz sicher sein kannst, dass es deinem Papa gut geht. Im Moment gibt es ganz viele Gefühle, die bei dir und deiner Mama im Bauch herumschwirren. Weisst du, was mir geholfen hat, als ich mal ganz schrecklich traurig war? Ich habe gemerkt, dass ich richtig sauer auf Gott war, weil er mir etwas weggenommen hat, das ich eigentlich gar nicht hergeben wollte. Da hab ich ihm das alles einfach erzählt. Ich habe gebetet und Gott alle meine unterschiedlichen Gefühle gesagt."

„Und was ist dann passiert?", fragte die Kleine sichtlich interressiert.

Und was sage ich jetzt?, dachte Marietta und fühlte sich etwas in die Enge gedrängt. Naja, am Besten fährt man immer noch mit der Wahrheit und außerdem redete sie ja mit einem Kind, was sollte da schon passieren? Sie musste ja nicht alles bis ins Detail erzählen.

„Er hat mir ganz arg geholfen. Und dann ging es mir wieder besser."

„Dann werde ich Gott auch alles sagen, was ich nicht verstehe oder nicht gut finde. Vielleicht hilft er mir auch!"

Für Jana-Joy war das eine zufriedenstellende Lösung für ihr Problem und eigentlich konnte man sie dafür nur bewundern. Der kindliche Glaube ist etwas ganz Besonderes. Hatte nicht schon Jesus etwas in der Art gesagt? Sowas wie, man solle glauben, wie die Kinder und dass den Kindern der Himmel gehört, oder so ähnlich. Um das ganze Thema endgültig abzuschließen, fragte Marietta:

„Und? Krieg ich noch eine Revanche beim Memory?"

„Na, klar!" so die selbstbewusste Antwort.

Und so spielten sie noch zwei Runden Memory, mit einer kleinen Pause dazwischen, in der sie sich mit heißer Schokolade und ein paar Keksen stärkten.

Die Gesellschaft des Mädchens tat Marietta gut. Sie war von ihren komplizierten Gedanken abgelenkt und konnte ein paar unbeschwerte Stunden verbringen. Eigentlich ging es ihr fast zu schnell, als Hildegard kurz nach 16 Uhr zurückkehrte. Eigentlich wollte Marietta sie noch auf eine Tasse Kaffee hereinbitten, aber Hildegard lehnte ab, da ihre Mutter im Auto wartete. So half sie ihrer Tochter schnell in die Jacke und verabschiedete sich von ihrer Babysitterin mit tausend Dankesworten.

Kaum war die Tür wieder geschlossen, fühlte sich Marietta unglaublich einsam. Aber vielleicht war es einfach auch die Angst davor, sich jetzt mit all ihren Gedanken und Problemen beschäftigen zu müssen. Doch wieder blieb ihr dafür nicht wirklich genügend Zeit, denn in diesem Augenblick meldete sich Gloria von ihrem Besuch bei ihrer Schwägerin zurück und fragte Marietta, ob es ihr denn wieder besser ginge und sie dann nochmals ins Krankenhaus fahren könnten. Natürlich wollte Marietta ihren Vater auch sehen. Selbst wenn sie es kognitiv immer noch nicht verarbeitet hatte, wollte sie es um nichts in der Welt verpassen, nochmals mit ihrem Vater sprechen zu können. Und so machte sie sich in Windeseile fertig, um mit ihrer Mutter abermals die Fahrt ins Uniklinikum anzutreten.

11

Es versetzte Marietta erneut einen Stich, als sie ihren Vater so hilflos daliegen sah. Was sie eigentlich schon ein wenig verwunderte. Sie hatte eigentlich gedacht, dass sie dieses Mal etwas gefasster reagieren würde aber die Tatsache, dass ihr Vater wirklich lebend vor ihr lag, lies in ihr eine eigenartige Mischung aus den unterschiedlichsten Gefühlen hochsteigen, deren einzige Gemeinsamkeit darin lag, dass sie sich in ihrer Magengegend zu einem riesigen zentnerschweren Kloß zusammenzogen, wie Gewitterwolken zu einem Tornado. Sie war deshalb heilfroh, dass ihre Mutter zunächst das Kommando übernahm und sie erst einmal in der zweiten Reihe versuchen konnte, wieder ihre Fassung zurück zu erlangen.

Als sich dann Gloria kurz aufmachte, um mit den Schwestern und Pflegern zu sprechen und ihnen als Dankeschön für ihre Fürsorge eine Kleinigkeit in die Kaffeekasse zu stecken, kam Marietta ein paar Schritte näher an das Bett ihres Vaters heran. Sein Blick durchbohrte sie förmlich und sie konnte ihm trotz größter Anstrengung nicht standhalten Also machte sie sich aus purer Verlegenheit kurzerhand an der Bettdecke zu schaffen. Aber das half ihr auch nicht wirklich weiter da Robert sie mit dünner, leiser Stimme ansprach:

„Na Kleine, wie geht es dir?“

Sie konnte sich nicht helfen, sie versuchte ja mit ihrem ganzen Willen stark zu sein aber es überstieg ganz einfach ihre Kräfte und so konnte sie ihre Tränen einfach nicht länger zurückkhalten und so kullerten diese völlig unkontrolliert über ihre Wangen und ließen ihre Antwort nicht wirklich überzeugend wirken:

„Mir geht es gut Papa und wie fühlst du dich?“

Robert versuchte ein aufmunterndes Lächeln und witzelte:

„Als hätte mir gerade jemand den Bauch aufgeschnitten und dort drinnen Inventur gemacht.“

Marietta musste nun doch lächeln. Das war typisch ihr Vater: Selbst jetzt hatte er seinen Humor nicht verloren und munterte seinen Besuch auf, statt umgekehrt sich aufbauen zu lassen. Und weil Marietta immer noch Schwierigkeiten mit dem Sprechen hatte, fuhr Robert mit heiserer Stimme fort:

“Jetzt haben sie doch noch einen Spender gefunden. Wer hätte das gedacht?“

Merkwürdigerweise hörte sich das für Marietta eher traurig und wehmütig an, wo er doch eigentlich hätte glücklich und erleichtert sein müssen. Sie ergriff seine Hand und versicherte ihm aufrichtig:

„Ja, jetzt wird alles gut.“ Allerdings wurde sie das Gefühl nicht los, dass ihr Vater irgendwie enttäuscht war. Er wirkte wie ein Kind, das sich zu Weihnachten eine Rennbahn gewünscht hatte und nun mit einem selbstgestrickten Pullover vorlieb nehmen musste. Da sie gemeinhin ein sehr offenes Verhältnis zu ihrem Vater pflegte, sprach sie ihn direkt darauf an:

„Du wirkst nicht gerade glücklich, Papa. Ist irgendwas?“

Robert überlege kurz und holte dann tief Luft, was ihm wohl einen schmerzhaften Stich in die frische Wunde einbrachte, denn er verzog für einen winzigen Augenblick sein Gesicht. Um davon abzulenken antwortete er schnell mit einem kaum vernehmbaren Seufzer:

„Ach Marilein, das ist schwer zu erklären", er machte eine kurze Pause bei der sie sich nicht ganz sicher war, ob er sie aufgrund seiner körperlichen Verfassung benötige oder ob er sich dadurch vielmehr Zeit zum Nachdenken verschaffen wollte. Wie auch immer, er fuhr mit dünner Stimme fort: „Ich liebe dich und deine Mutter sehr." Wieder rang er um Luft oder Worte, bevor er weiter redete: „Ich weiss, dass ihr mich noch nicht gehen lassen wollt. Und ich möchte euch nicht noch mehr Kummer bereiten als ich es sowieso schon getan habe."

Diesmal machte es die einzelne Träne, die ihm über seine Wange rollte sehr deutlich, dass er mehr um Fassung rang als um Worte oder Luft.

„Aber Papa, du sollst doch nicht so etwas sagen. Du bereitest uns doch keinen Kummer. Wir sorgen uns nur um dich, weil wir dich auch sehr lieben. Umso schöner, dass wir uns jetzt endlich auf deine Genesung konzentrieren können."

Sie legte alle Zuversicht in ihr Lächeln als könne sie damit die trübsinnigen Gedanken ihres Vaters vertreiben. Er lächelte jedoch eher gequält zurück.

„Ja mein Schatz", schien er sich zu ergeben, aber er war innerlich noch immer sehr aufgewühlt, das spürte Marietta deutlich und so verwunderte sie es nicht, als er einen erneuten Anlauf nahm:

„Weisst du Marilein, ich frage mich immerzu, wer wohl dieser

Mensch war von dessen Tod ich profitiere. War er alt oder jung, Mann oder Frau? Hatte er eine Familie, die jetzt in diesem Moment vor Trauer fast verzweifelt? Und was mir persönlich am wichtigsten ist: Hat er das ewige Leben? Diese Fragen treiben mich um. Ich wäre bereit gewesen zu gehen, aber war er es auch?"

Marietta wurde es heiss und sie befürchtete, dass ihr Gesicht knallrot anlaufen würde, so als hätte ihr Vater sie bei etwas Verbotenem ertappt. Was natürlich schon etwas Absurdes an sich hatte, schließlich wusste sie lediglich, wer der mysteriöse Spender war und war doch sonst in keiner Weise für den Tod von Bernhard Ströher verantwortlich. Oder doch? Leider fühlte sich das ganz offensichtlich ein klein wenig anders an, als es ihr die Logik ihres Verstandes klarmachen wollte. Keinesfalls aber sollte sich ihr Vater schuldig fühlen müssen. Er hatte nun wirklich überhaupt keinen Einfluss auf die Situation gehabt und genau das versicherte sie ihm ausdrücklich. Aber es schien sein Gewissen nicht zu entlasten.

„Ich habe sehr lange über das Thema Transplantation nachgedacht und viel mit meinen engsten Glaubensgeschwistern darüber geredet. Besonders mit Pfarrer Glockner, der mir, in der kurzen Zeit die wir uns kennen, sehr vertraut geworden ist. Er hat mich immer ermutigt, offen für eine Transplantation zu sein und wir sind gemeinsam zu der Überzeugung gekommen, dass ich Gottes Plan annehmen soll, wie auch immer er aussehen mag. Sein Wille geschehe – nicht meiner. Und falls es einen geeigneten Spender geben würde, würde ich mich seinem Willen fügen und einer Transplantation zustimmen. Für dich und deine Mutter. Es wäre doch auch zu egoistisch gewesen, mich einfach in Richtung Paradies davonzuschleichen."

Robert versuchte durch ein scheues Lächeln, seiner Aussage an Gewicht zu nehmen, aber das wollte ihm nicht so recht gelingen.

Zu Mariettas Erleichterung kam just in diesem Moment ihre Mutter zurück von ihrem Ausflug ins Schwesternzimmer und begann auch sofort davon zu berichten. Das kam Marietta durchaus ganz gelegen. Sie trat einen Schritt zurück und fing an über das Gesprochene nachzudenken. Ihr Vater hatte immer schon seine Schwierigkeiten mit dem Thema Organspende und Transplantation gehabt. Das hatte sie gewusst. Er hatte immer die Meinung vertreten, dass es allein in Gottes Hand liegt, wann seine Zeit abgelaufen war. Ihre Mutter hingegen sah die medizinischen Möglichkeiten eher als Segnung Gottes und die Bereitschaft zur Organspende als ein Akt der Nächstenliebe. Letztlich dachte Marietta einfach, dass ihre Mutter ihn schlichtweg überzeugt hatte, aber dass Pfarrer Glockner ihn quasi dazu überredet hatte, war ihr neu. Sie hatte den interessanten jungen Mann ja erst kürzlich kennengelernt und konnte sich durchaus vorstellen, dass dieser sehr überzeugend sein konnte. Mit seinem durchdringenden Blick aus seinen ehrlichen, braunen Augen.

Beim Gedanken an Johannes Glockner huschte ihr ein kaum merkliches Lächeln über das Gesicht von dem sie hoffte, dass es niemand mitbekommen hatte. Schließlich war das hier weder der angebrachte Ort noch Anlass. Neu war ihr auch, dass ihr Vater der Transplantation im Grunde nur wegen ihr und ihrer Mutter zugestimmt hatte, auch wenn das natürlich sehr typisch für ihn war. Er hat sich immer für seine Familie aufgeopfert – vor allem nach seinem Alkoholentzug. Doch wie groß und bedeutsam dieses Opfer für ihn gewesen war, war Marietta nie wirklich klar gewesen. Wer konnte schon mit dem Paradies konkurrieren?

In Mariettas Gehirn fuhren die Gedanken munter Achterbahn. Sie hatte noch immer nicht ausreichend Zeit gehabt, um all das Erlebte zu sortieren, geschweige denn zu analysieren. Und während ihre Gedanken noch zwischen dem Doppel- und Dreifachlooping unterwegs waren, drängte ihre Mutter zur Rückfahrt. Darüber war Marietta gar nicht so unglücklich. Sie sehnte sich ja nun schon den ganzen Tag nach ein paar ungestörten Minuten, um nachzudenken. Auch wenn ihr schon etwas vor den möglichen Erkenntnissen graute.

Sie verabschiedete sich liebevoll von ihrem Vater und hauchte ihm einen zarten Kuss auf seine Stirn. Er wirkte so zerbrechlich und sie wollte ihm auf keinen Fall Schmerzen zufügen. Das hatte sie nie gewollt. Und gerade da saß der Kern ihres unguten Gefühls. Es ging immer noch darum, welchen Einfluss ihr Gebet auf die jetzige Situation hatte. Alles in allem blieb die Frage, ob sie denn nun den Tod ihres Vaters oder den Besuch des Engels geträumt hatte. Auch wenn ihr die Antwort darauf eigentlich schon längst klar war.

12

Sie wusste gar nicht mehr ganz genau, wann ihr die Idee dazu gekommen war. Es musste wohl irgendwann zwischen Aldi und der Kreissparkasse gewesen sein. Jedenfalls sah sie auf einmal eine Möglichkeit, um ihre Verwirrung ein für alle mal aufzulösen. Sie musste sich mit jemandem unterhalten, der sich mit so etwas auskannte. Und wer war da wohl besser geeignet als Pfarrer Glockner. Schließlich kannte er die ganze Geschichte ihres Vaters und musste von berufswegen etwas über mögliche Gebetserhörungen oder Gottesboten wissen.

So hatte sie ihre Mutter kurzerhand zuhause abgesetzt und ihr erzählt, dass sie noch kurz etwas Geschäftliches erledigen musste. Es gefiel ihr nicht, sie anzulügen, aber mangels einer praktikablen Alternative tat sie es doch. Natürlich hatte Gloria so ihre Bedenken, warum ihre Tochter nach einem Kreislaufkollaps nun schon wieder im Auftrag ihrer Firma unterwegs war. Sie war schon immer der Meinung, dass sie viel zu viel in ihren Beruf investierte. Dabei wurde sie nach Auffassung von Gloria doch nur von ihren Vorgesetzten ausgenutzt. Bei letzterem Argument konnte Marietta nicht wirklich widersprechen.

Nun war sie einfach froh, ihre Mutter überzeugt zu haben und allein im Auto zu sitzen. Sie war unterwegs zum Pfarrhaus ohne genau zu wissen, ob Pfarrer Glockner überhaupt zuhause war. Schließlich hatten die Gemeindehirten für gewöhnlich doch ständig irgendwelche Bibelstunden oder Kreise zu leiten, aber sie musste es einfach versuchen. Zu ihrer Erleichterung sah sie schon von weitem das Licht im Pfarrhaus brennen.

Als sie dann das Auto vor der Tür abstellte, verließ sie allerdings der Mut. Was machte sie hier? Wie in aller Welt sollte sie Pfarrer Glockner erklären, was sie von ihm wollte. Er kannte sie ja nicht einmal. Nachdem ihr Vater ganz offensichtlich nicht gestorben war, hatte auch das Trauergespräch mit Johannes Glockner nicht stattgefunden. Diese Erkenntnis sorgte nicht gerade für Mariettas Beruhigung. Denn eigentlich bedeutete dies nur einen Beweis für die Theorie, dass der Besuch des Engels eine reale Begebenheit gewesen war. Doch was blieb ihr anderes übrig? Was konnte ihr schon Schlimmes passieren? Ein Pfarrer würde sie für verrückt erklären. Ein sehr attraktiver Pfarrer. Aber was änderte das schon?

Noch einmal atmete Marietta tief durch und öffnete entschlossen die Autotür. Sie ging zügig und mit festem Schritt auf die große Eichenholztür des imposanten Pfarrhauses zu. Sie zwang sich nicht darüber nachzudenken, was sie gerade vor hatte und genau das hinderte sie daran, auf dem Absatz kehrt zu machen und so schnell davon zu rennen, dass die Gummiprofile ihrer Schuhe sicherlich ihren Schmelzpunkt erreichen würden.

Es kostete sie ihren ganzen Mut, der bekanntlich durch die Verzweiflung gespeist wird, um die Türklingel zu betätigen. Das erste, was sie hörte, war lautes Hundegebell, was sie dann ein wenig überraschte. Johannes Glockner hatte offensichtlich einen Hund. Warum auch nicht? Es dauerte nicht lange, bis sie schnelle Schritte auf der Treppe in Richtung Tür vernahm. Ein kurzer Befehl zur Ruhe erging an den Hund, der dieser streng vorgetragenen Bitte auch sofort nachkam. Sie hatte keine Angst vor Hunden – im Gegenteil – sie hätte gerne selbst einen gehabt. Trotzdem klopfte ihr Herz bis zum Hals. Es war wohl eher Herrchen als Hund, der ihren Pulsschlag in die Höhe trieb. Sie hoffte inständig, dass ihr Kopf nicht sofort beim Öffnen die Farbe eines Feuermelders annehmen würde.

Noch bevor sie sich ihre schlimmsten Befürchtungen zuende ausmalen konnte, öffnete sich die Tür und vor ihr stand der junge Pfarrer. Seltsamerweise freute sie sich, Johannes Glockner wieder zu sehen. Natürlich erkannte er sein Gegenüber nicht, als er ihr höflich einen guten Abend wünschte und die Hand freundlich entgegen streckte. Auch Marietta vergaß nicht ihre gute Erziehung und ergriff seine ausgestreckte Hand. Die fiel ihr dieses Mal besonders ins Auge. Er hatte einen festen Händedruck, aber eher ungewöhnlich fand sie doch das Aussehen seiner Hände. Das waren nicht die typischen Hände eines Akademikers. Sie waren groß und kräftig und konnten sicherlich auch richtig zupacken.

Mit seiner Körpergröße von sicherlich Einmeterneunzig war er insgesamt eine beeindruckende Erscheinung. Er war wieder in Jeans gekleidet und der rote Kapuzenpullover ließ ihn noch jünger erscheinen, als er das bei ihrem ersten Treffen sowieso schon getan hatte. Als sie sein Gesicht nochmals genauer betrachtete, fiel Marietta auf, dass er sie mit seinem blonden Haar und den hohen Wangenknochen an einen ihrer früheren Lieblings-Fußballspieler erinnerte.

Vermutlich war das auch der Grund, warum er ihr sofort sympathisch gewesen war. Plötzlich merkte sie, dass sie ihr Gegenüber viel zu lange gemustert hatte, denn er fragte sie direkt:

„Johannes Glockner. Kann ich ihnen helfen?".

Sie spürte, wie sie nun doch errötete und sagte schnell:

„Marietta Helmig, bitte entschuldigen Sie die Störung. Ich bin die Tochter von Robert Helmig."

Sofort zeigte sich ernste Besorgnis in seinem Gesichtsausdruck:

„Ist etwas mit Robert? Er hatte doch heute die Transplantation. Ich dachte die OP wäre gut verlaufen?"

Natürlich war Pfarrer Glockner über die Operation auf dem Laufenden. Es gab schon immer ein gutes Netzwerk innerhalb der Gemeinde, wenn Robert wieder einmal im Krankenhaus behandelt werden musste. Und so war es nicht weiter verwunderlich, dass die Menschen auch an der Transplantation Anteil nahmen. Marietta versicherte ihm schnell, dass es ihrem Vater gut ginge und dass sie ihn aus einem anderen Grund gerne sprechen würde, falls es seine Termine gerade erlauben würden. Der Geistliche bat seinen Gast freundlich herein und erklärte äußerst überzeugend, dass er gerade nur langweilige Schreibarbeiten verrichtet hatte und über die Ablenkung ganz erfreut wäre.

Sie gingen die Treppe hoch in den Wohnbereich des Pfarrhauses. Der Hund, ein zotteliger kniehoher Mischling mit schwarzem Fell trottete ihnen hinterher. Oben angekommen setzten sie sich an den großen Holztisch im Esszimmer, der aussah als hätte er schon beim

Erstbezug des Gebäudes an dieser Stelle gestanden. Das war nicht negativ gemeint. Er verlieh dem ganzen Raum etwas Würdevolles.

„Darf ich Ihnen einen Kaffee, Tee oder ein Glas Wein anbieten?“, fragte der Hausherr. Marietta konnte jetzt in der Tat etwas Alkohol vertragen. Allerdings wusste sie nicht so recht, ob es angebracht war, in einem Pfarrhaus dem Genussmittel Alkohol zu frönen und was dann der nette Herr Pfarrer von ihr halten würde.

Als könnte Johannes Glockner ihre Gedanken lesen, fügte er hinzu:

„Ich hab mir gerade eine gute Flasche südtiroler Rotwein geöffnet, der allerdings ziemlich trocken ist. Wenn Sie mich dabei unterstützen wollen? Sie würden wahrscheinlich der Gemeinde sogar einen Gefallen tun, denn ich möchte mich heute noch an die Predigt für kommenden Sonntag machen. Und zu viel Rotwein könnte da doch eher kontraproduktiv wirken.“ Er lächelte sie mit einem spitzbübischen Grinsen an.

Dieser Pfarrer hatte Humor, das gefiel ihr und so fasste sie den Mut, sein Angebot anzunehmen:

„Na, da kann ich ja schlecht ablehnen, wenn mir eine so wichtige Mission nahegelegt wird. Ich opfere mich gerne für die Gemeinde.“

Auch Marietta grinste ihren Gastgeber frech an und hätte dabei fast den ernsten Anlass ihres Besuches vergessen. Während Johannes Glockner in die Küche verschwand, um die Getränke zu besorgen, widmete sie sich dem süßen Vierbeiner. Sie kraulte ihn zunächst hinter den Ohren und sogleich legte sich der Hund auf den Rücken und machte ihr deutlich, dass er auch noch gerne eine Bauchmassage hätte. Als Johannes Glockner mit zwei großen Rotweinkelchen zurückkam, stellte er ihr seinen treuen Freund vor:

„Das ist Rover. Und bevor Sie fragen: Ja, er ist nach der Automarke benannt. Ich kann mir ein derartiges Fahrzeug momentan nicht leisten, also habe ich meinen Hund danach benannt. Ich wollte ihn eigentlich Mercedes nennen, aber da er nunmal ein Rüde ist, wäre wohl ein Frauenname nicht angebracht gewesen."

Wieder grinste er, was Marietta unheimlich gefiel. Ihr Körper entspannte sich merklich. Seine lockere Art ließ das Eis zwischen ihnen ziemlich brüchig werden.

Sie betrieben etwas höfliche Konversation, die es Marietta ermöglichte, ihren Blick etwas im Raum schweifen zu lassen. Das Zimmer wurde eindeutig dominiert von einem riesigen, rustikalen Bücherregal, das sicherlich ebenfalls deutlich älter war als der momentane Besitzer. Die vielen Bücher, die darin aufgereiht waren, hätten Marietta zum Durchstöbern gereizt, aber natürlich war das nicht denkbar. Ein reich verziertes antikes Sideboard stand auf der anderen Seite und beherbergte ein paar Fotos. Unter anderem sah sie ein Hochzeitsfoto und das Portrait einer gutaussehenden jungen Frau mit langem, brünettem Haar. Das musste seine verstorbene Ehefrau sein.

Marietta blickte auf die Standuhr in der Ecke, die ihr anzeigte, dass sie bereits eine Viertelstunde mit Höflichkeiten zugebracht hatten. Und da Pfarrer Glockner ja noch mit seiner Predigt zu tun hatte, wollte sie ihn nicht länger als unbedingt nötig von der Arbeit abhalten. Sie räusperte sich und begann etwas zögerlich:

„Sie haben sich zu Recht gewundert, dass ich sie heute aufsuche. Aber ich muss einfach mit jemandem reden."

Sie blickte etwas verlegen zu Boden. Doch Pfarrer Glockner ermunterte sie weiterzusprechen, indem er erwiderte:

„Tja, da sind Sie bei mir ja an der richtigen Adresse. Ich bin sozusagen ein professioneller Zuhörer und Redner. Was haben Sie denn auf dem Herzen?"

Er blickte sie mit seinen rehbraunen Augen auffordernd an und sie erkannte echtes Interesse. Es war nicht so, dass er ihr zuhörte, weil es sein Beruf war. Vielmehr hatte sie den Eindruck, er wolle wirklich wissen, was sie herführte. Marietta fühlte sich ermutigt, aber wusste dennoch nicht, wie sie sich am besten ausdrücken sollte. Allerdings hatte sie in der kurzen Zeit schon so ein tiefes Vertrauen zu Johannes Glockner gefasst, dass sie einfach offen und ehrlich loslegte:

„Sehen Sie, es mag für Sie vielleicht etwas merkwürdig klingen und ich weiß auch nicht so recht, wie ich es erklären soll, aber... glauben Sie an Engel?"

Der Pfarrer wirkte allerdings gar nicht überrascht von dieser Frage. Er antwortete ganz gelassen:

„Glauben Sie denn, dass die Deutsche Post AG einen Chef hat?"
Marietta war irritiert:

„Ja, natürlich."

„Und warum? Sie haben ihn doch sicherlich noch nie kennen

gelernt?“, Johannes Glockner blieb hartnäckig.

Ohne lange zu überlegen antwortete Marietta:

„Nein, ich habe ihn noch nicht kennengelernt. Ich weiß noch nicht einmal wie er heißt, aber ich kenne das Unternehmen, die Postautos und die Briefträger. Da ist es doch logisch, dass so ein großes Unternehmen auch einen Chef haben muss.“

Johannes Glockner lachte:

„Genau. Sie kennen die Boten, die für ihn arbeiten und das lässt darauf schließen, dass es ihn gibt, auch wenn Sie ihn selbst noch nicht getroffen haben. Schließlich bringen Ihnen die Postboten nicht aus purer Menschenfreundlichkeit Ihre Briefe und Pakete – auch wenn sie sicherlich sehr freundliche Menschen sind. Nun, genauso glaube ich ganz selbstverständlich an Engel, weil sie die Boten des Chefs sind, den ich kenne. Auch wenn ich zugeben muss, dass ich noch keinem begegnet bin.“

Er zuckte mit den Schultern, als würde er über die alltäglichste Sache der Welt berichten. In dieser Atmosphäre kam sich auch Marietta nicht komisch vor, über ihre Erlebnisse zu berichten und begann:

„Und wenn ich Ihnen erzähle, dass ich einem Engel begegnet bin? Vielmehr noch, dass mir Gott einen Engel gesandt hat?“

„Würde mich das nicht im Geringsten überraschen.“

Die Coolness und Überzeugung, die in seiner Stimme lag, überraschte Marietta und vermittelte ihr gleichzeitig das Gefühl, hier genau richtig zu sein. Es war richtig gewesen, herzukommen und mit jemandem zu reden, der sie nicht gleich für verrückt erklärte, nur weil sie eine himmlische Erscheinung erlebt hatte.

„Wieso wären Sie nicht überrascht?", fragte Sie dennoch.

„Naja, zum einen stehen in der Bibel viele Beispiele von derartigen Vorkommnissen und zum anderen würden Sie mir wahrscheinlich nicht glauben, was ich schon alles für unglaubliche Geschichten erzählt bekommen habe."

„Okay, dann wird das eine weitere werden", leitete Marietta ein. „Es hört sich ziemlich unglaublich an aber mein Vater ist eigentlich gestern verstorben. Ich war unendlich traurig darüber und... naja... wohl auch ein wenig wütend. Auch wenn Sie viele mysteriöse Geschichten kennen...die hier markiert wohl einen Höhepunkt in Ihren Annalen. Der Punkt ist...", druckste sie ein wenig herum, beschloss dann aber doch, dass es am Besten war, einfach alles so zu erzählen, wie sie es erlebt hatte „nun... der Punkt ist, dass Sie bereits schon das Trauergespräch mit meiner Mutter und mir geführt haben. So unglaublich sich das jetzt für Sie anhören muss, aber wir zwei sind uns schon einmal begegnet."

Marietta war unsicher, wie er diese Offenbarung wohl aufnehmen würde und blickte ihm direkt in die Augen. Er wirkte ziemlich gelassen, was wiederum bei Marietta für Ungewissheit sorgte: Glaubte er ihr wirklich oder hielt er sie für eine kranke Irre? Und auch wenn, es ihr hätte völlig egal sein können, was er von ihr hielt, war es ihr aus irgendeinem Grund sehr wichtig, dass er ihr glaubte.

„Sie haben mir von Ihrer verstorbenen Frau erzählt und davon, dass Sie wütend auf Gott gewesen sind. Dann haben Sie mich ermutigt meine Gefühle Gott mitzuteilen. Und genau das habe ich dann abends auch getan. Obwohl ich kein gläubiger Mensch bin. Ich habe Gott vorgeworfen, dass er einen Fehler begangen hätte und ihn angeklagt, dass er mir den Vater genommen hatte. Wie lange das Ganze dauerte, kann ich nicht sagen, aber irgendwann bin ich dann eingeschlafen. Ich dachte zunächst, dass ich träumte, als ich dann mitten in der Nacht von einem hellen Licht geweckt wurde. Am Fußende meines Bettes war eine merkwürdige Gestalt, die sich mir als Bote Gottes vorstellte und eine Botschaft für mich hatte."

Johannes unterbrach Sie mit großem Interesse und fragte:

„Und welche Botschaft hatte er für Sie?"

Marietta musste erst einmal überlegen, bevor Sie ihm antwortete:

„Tja, es war eigentlich weniger eine Botschaft als eine Frage. Er hat mich zweimal gefragt, ob ich wirklich dachte, dass Gott einen Fehler gemacht hatte. Genauso, wie ich es ihm in meinem Gebet vorgeworfen hatte."

Der Pfarrer war sichtlich aufgeregt und wirkte wie ein kleiner Junge, der kaum das Ende seiner Gute-Nacht-Geschichte abwarten konnte.

„Und dann?", fragte er ungeduldig.

„Ja, dann sagte er mir, dass Gott mich liebt und es immer gut mit mir meint. Ich solle ihm vertrauen. Danach war er verschwunden. Ich wachte heute Morgen auf und alles war anders. Ich meine, mein Vater lebt. Er hat gerade noch rechtzeitig eine Spenderleber erhalten."

„Aber dann hat Gott ja Ihr Flehen erhört. Das ist doch unglaublich schön. Wissen Sie, wie oft ich Gott angefleht habe, dass er meine Frau gesund machen soll?“

Diese Aussage verursachte bei Marietta sofort ein schlechtes Gewissen. Warum hatte Gott ihr Flehen erhört, wo sie doch gar nicht wirklich an ihn glaubte und die Bitten und Gebete von Pfarrer Glockner und seiner Frau hatte er dagegen ignoriert? Erstaunlicherweise lag im Gesichtsausdruck des Pfarrers keinerlei Neid oder Missgunst. Es wirkte so aufrichtig und begeistert über ihre Geschichte, dass sie sich fragte, wie sie jemals an den Vorkommnissen hatte zweifeln können. Als wäre es das Selbstverständlichste auf der Welt fuhr sie fort:

„Der Haken an der Sache ist, dass der Spender ein junger Familienvater war, der nun eine kleine Tochter und eine schwangere Frau zurücklässt. Und zu allem Übel ist diese Frau auch noch eine alte Schulfreundin von mir. Ich bin ihr zufällig im Krankenhaus begegnet. Und jetzt frage ich mich ernsthaft, ob Gott wirklich meine Gebete erhört hat und wenn ja, ob ich dann für den Tod dieses Mannes verantwortlich bin? Und vorhin habe ich dann mit meinem Vater gesprochen, der plötzlich wieder am Leben ist und erfahren, dass er eigentlich lieber gestorben wäre und die Transplantation nur für meine Mutter und mich hat vornehmen lassen. Er hat wohl viel mit Ihnen darüber gesprochen.“

Johannes Glockner fühlte sich nun aufgefordert, dies zu kommentieren:

„Ja, er hat in der Tat viel mit mir darüber diskutiert. Die ganze Transplantationsgeschichte war eine große Anfechtung für ihn. Er rang mit der Entscheidung, weil er nicht sicher war, ob eine Transplantation der Wille Gottes war oder nicht. Sollte er nicht vielmehr akzeptieren, dass seine Zeit abgelaufen war? Dazu kam noch, dass er durch die ganzen Entzündungen und Punktierungen einfach nur zermürbt und müde war. Er wusste ja, dass auf ihn sein himmlischer Vater wartete und sein Herr, Jesus Christus, ihm schon lange eine Wohnung im Himmel bereitet hatte. Dies erschien ihm mehr als verlockend. Das einzige, was ihn noch in dieser Welt hielt, waren seine geliebte Frau und Tochter. Wir waren uns einig, dass Gott ein guter Gott ist und er war bereit, ihm von ganzem Herzen zu vertrauen. So verblieben wir, dass er es einfach Gott überlasssen würde, was geschah. Sollte sich ein Spender finden, würde er der Transplantation zustimmen und sollte er vorher heimgerufen werden, war es ihm – vorsichtig ausgedrückt – auch nicht unrecht."

Bei den letzten Worten sah er Marietta etwas besorgt an. Er wollte wohl an ihrer Reaktion abschätzen, wie sie diese Information aufnahm. Doch Marietta wirkte ruhig. Sie hatte das alles ja schon von ihrem Vater erfahren. Johannes Glockner brachte es nur in einen Zusammenhang, eine logische Reihenfolge. Aber es beantwortete ihre dringlichste Frage nicht und deshalb wiederholte sie diese nochmals laut:

„Wenn Gott also mein Gebet erhört und damit quasi dem Willen meines Vaters widersprochen hat, was hat es dann mit dem Tod von Bernhard Ströher auf sich? Ich meine, dann bin ich doch letzten Endes dafür verantwortlich, dass er sterben musste?"

Es lag echte Verzweiflung in ihrer Stimme. Und so fuhr der

Pfarrer mit beruhigender Stimme fort:

„Aber Marietta… darf ich Sie Marietta nennen?" Sie nickte zustimmend.

„Nun sehen Sie, es ist meine tiefste Überzeugung, dass Gott allmächtig ist und dass er einen Plan für unser aller Leben hat. Einen guten Plan. Auch wenn wir das Gute daran oft nicht sehen können. Zumindest nicht auf dieser Seite der Ewigkeit. Wir können ihm vertrauen. Wenn er eine Entscheidung getroffen hat, ist diese die richtige. Wenn er eine Entscheidung rückgängig gemacht hat, wird er seine Gründe dafür haben. Dass er es kann, steht außer Frage. Er hat schließlich das ganze Universum geschaffen. Raum und Zeit unterliegen seiner Gesetzmäßigkeit. Warum sollte er nicht die Zeit zurückdrehen können? Fragen Sie mich nicht, wie er das gemacht hat, aber er hat es offensichtlich getan. Gott ist so groß und vollkommen, dass wir ihn mit unserem begrenzten Verstand sowieso nicht annähernd ergreifen können. Egal wie lange man ihn schon kennt, er bleibt immer zu einem großen Teil geheimnisvoll. Es würde ihm seine Großartigkeit absprechen, wenn wir ihn in unsere kleine menschliche Gedankenwelt pressen könnten.

Gewiss, Gott ist allmächtig, aber das entbindet uns nicht von unserer Verantwortung für unser Leben. Jede Aktion birgt Konsequenzen und wir müssen sie tragen. Nehmen wir an, Sie würden mit Ihrem Auto auf der Landstraße viel zu schnell fahren. Sie kämen ins Schleudern und prallten auf einen Baum. Diesen Unfall hätten Sie sich selbst, beziehungsweise Ihrem Fahrstil zuzuschreiben. Gott hat nicht auf einmal einen Baum mitten auf der Fahrbahn wachsen lassen, damit Sie darauf fahren. Natürlich hätte er es gekonnt. Aber wieso hätte er so etwas tun sollen?"

Er unterstrich seine ironischen Ausführungen mit einem Lächeln und redete weiter, ohne eine Reaktion von Marietta abzuwarten:

„Warum dieser Bernhard gestorben ist, weiß ich nicht. Aber es wäre möglich, dass es dafür einen anderen Grund als die Organspende an Robert gab. Ich meine, wer sagt denn, dass er nicht sowieso gestorben wäre? Und dann wäre seine Leber an einen anderen Empfänger gegangen. Ich kann Ihnen nicht erklären, warum Gott so gehandelt hat. Ich möchte Sie nur ermutigen, ihm von ganzem Herzen zu vertrauen. Wenn Sie Zweifel haben, reden Sie mit Gott. Fragen Sie ihn, ob es an Ihrer Bitte lag, dass der Mann Ihrer Freundin sterben musste. Vielleicht bekommen Sie eine Antwort. Aber ich muss Sie warnen. Meistens redet Gott nicht durch Engel zu den Menschen. Es könnte also durchaus sein, dass Sie die Antwort in einer etwas anderen Form erhalten und sie eventuell zunächst gar nicht als solche verstehen. Trotzdem werden Sie sie irgendwann erkennen. Da bin ich mir sicher.

Marietta, Sie haben ja gesagt, dass Sie kein gläubiger Mensch sind. Ihr Vater hat mit mir auch darüber gesprochen. Es hat ihn immer sehr belastet. Er liebt Sie sehr und will natürlich, dass auch Sie die großartigste Entdeckung machen, die ein Mensch im Leben machen kann und glauben Sie mir, er hat unzählige Male dafür gebetet, dass Gott sich Ihnen offenbart. Und auch ich habe für Sie gebetet, obwohl ich Sie gar nicht kannte. Und dann sendet Gott Ihnen einfach so einen Engel vorbei. Das nenn' ich mal eine

Gebetserhörung. Die spielt wirklich in der allerersten Liga. Jetzt liegt es an Ihnen, was Sie daraus machen. Glauben Sie die ganze Geschichte, die Ihnen gerade widerfährt, so kann ich Sie nur ermutigen Ihr Leben an Gottes Hand weiter zu gehen. Ich meine, geben Sie Ihr Leben in Gottes Hand. Vertrauen Sie ihm. Und leben Sie jede Sekunde Ihres Lebens in dem Bewusstsein, sein geliebtes Kind zu sein."

Marietta konnte sich nicht helfen. Diese Worte berührten Sie in ihrem Innersten auf eine sehr tiefe, unbeschreibliche Art und Weise. Sie spürte, wie ihre Augen sich mit Tränen füllten. Aber es war ihr aus irgendeinem Grund nicht peinlich vor Pfarrer Glockner. Sie verspürte ein merkwürdiges Angenommensein durch diesen Mann. Und auch wenn sein attraktives Erscheinungbild sie unter normalen Umständen ziemlich verunsichert hätte, war es ihr doch nicht unangenehm, dass er ihre Schwäche sehen konnte. Sie wusste, er würde diese Schwäche nicht zu ihrem Nachteil auslegen.

„Herr Glockner, wie ist es im Paradies?", fragte sie ganz offen und ohne Scheu. Er überlegte ein paar Augenblicke und antwortete dann mit ruhiger, fester Stimme:

„Ich weiß es nicht. Ganz ehrlich. Ich muss es aber auch nicht wissen. Ich glaube, also vertraue einfach darauf, dass es dort fantastisch sein wird. Schließlich hat dort mein Herr für mich alles vorbereitet. Schauen Sie sich doch einmal Rover an." Er deutete auf seinen treuen Hund. „Manchmal nehme ich ihn zu meinen Besuchen mit. Ich lasse ihn dann zunächst draußen vor dem Haus. Wenn die Menschen, die ich besuche dann sagen, dass ich ihn hereinholen soll, folgt er mir freudig auf die andere Seite der Tür. Er war noch nie dort. Alles ist für ihn total unbekannt, aber er weiß, dass ich da bin und da wo sein Herrchen ist, fühlt er sich sicher. Er vertraut mir völlig und so will auch ich darauf vertrauen, dass ich – wenn ich eines Tages die Tür zum Paradies aufstoße – auf der anderen Seite etwas Großartiges finden werde. Und egal, wie es dort aussehen wird, ich weiß, dass mein Herr dort sein wird und das genügt mir."

Als Hundeliebhaberin konnte Marietta seine Ausführungen gut nachvollziehen und sie bewunderte seine Einstellung. Natürlich hatte sie noch viele Fragen über den christlichen Glauben und ihre neuerlichen Erfahrungen damit. Gerne wäre sie noch ewig dagesessen und hätte sich mit Johannes Glockner unterhalten, aber sie wusste ja, dass er noch Arbeit vor sich hatte und wollte ihn nicht länger davon abhalten. Sie hatte schon genug von seiner kostbaren Zeit in Anspruch genommen. Und genau das gab sie ihm auch als Grund für ihren Aufbruch an.

Er versuchte Sie von einem weiteren Glas des leckeren Rotweins zu überzeugen und hätte auch gerne eine weitere Flasche geöffnet, aber Marietta bat ihn, auf dieses Angebot ein anderes Mal zurückkommen zu dürfen. Was Pfarrer Glockner als äußerst charmantes Versprechen ihrerseits verstand und ihr versicherte, dass er es bei Gelegenheit auch von ihr einfordern würde. Er bot ihr an, auch künftig für sie da zu sein. Er wäre ja schon von Berufswegen dazu verpflichtet, seinen Gemeindegliedern zu helfen. Und sein Augenzwinkern erinnerte Marietta nochmals an sein ausgesprochen attraktives Äußeres, das von seinem spitzbübischen Lächeln nur noch mehr unterstrichen wurde. Es war definitiv Zeit zu gehen. Die Kombination aus attraktivem Mann und einer halben Flasche Rotwein war ihr früher schon nicht sehr gut bekommen und auch wenn Johannes Glockner sicher kein Mann war, der derartige biochemisch initiierte Rahmenbedingungen für unaufrichtige Zwecke missbrauchen würde, fühlte sich Marietta doch erst wirklich sicher, als sie die Tür ihres Autos zuschlug und sich auf den Heimweg machte.

Zuhause angekommen, beeilte sie sich ins Bett zu kommen. Es war spät geworden und sie spürte erst jetzt, wie müde und erledigt sie war. Sie kuschelte sich unter ihre Decke und begann – dieses Mal in Gedanken – wieder mit Gott zu reden. Sie brachte ihre ernsthaften Zweifel vor ihn. Ihre Unsicherheit bezüglich des Todes von Bernhard Ströher und die Ungewissheit, ob sie denn ihrem Vater den vorzeitigen Eintritt ins Paradies vermasselt hatte. Es sprudelte geradezu aus ihr heraus und so merkte sie gar nicht, wann sie dann schlussendlich vor Erschöpfung eingeschlafen war.

13

Sie musste bereits etwas gespürt haben noch bevor sie es überhaupt realisieren konnte. Als Marietta die Augen öffnete, war er wieder da: Der mysteriöse Besucher der vergangenen Nacht. Wieder war der Raum zunächst in helles Licht getaucht gewesen, wodurch sie geweckt worden war. Dieses Mal jedoch, war sie vorbereitet. Sie war nicht mehr starr vor Schreck (wenngleich sie sich ziemlich fürchtete und froh war, dass ihre zitternden Knie von der Bettdecke verhüllt waren).

„Hallo Marietta." Die sanfte Stimme des Mannes (sie war immer noch davon überzeugt, dass es ein männlicher Bote war) sorgte jedoch für eine Erholung ihres angespannten Körpers. Es schien ihr fast schon verwegen mutig, als sie ihm antwortete:

„Hallo… äh… Fremder."

Ihr Gegenüber lachte – zumindest meinte Marietta dies zu spüren. Aufgrund der enormen Leuchtkraft des Mannes, konnte sie sein Gesicht nicht erkennen.

„Mein Name ist Ratsiel. Ich bin gekommen, um zu hören, wie es dir heute ergangen ist?"

Marietta zögerte mit ihrer Antwort. Ihr vorhin kurz aufgeflammter Mut hatte sich wohl so schnell wieder verzogen, wie ein One-Hit-Wonder aus den deutschen Single-Charts. Und abgesehen von ihrer fehlenden Courage, wusste sie auch nicht so recht, was sie denn auf diese Frage erwidern sollte.

Es war in der Tat ein sehr merkwürdiger Tag gewesen. Sie hatte sich von den Ereignissen noch immer nicht erholt. Natürlich war es überwältigend schön gewesen, ihren Vater nochmals lebendig zu sehen. Andererseits zerriss es ihr das Herz, wenn sie an die kleine Jana-Joy dachte, die nun ohne Vater aufwachsen musste. Sie hatte wenigstens 34 Jahre lang den besten Vater der Welt für sich gehabt.

Und da war ihr auch prompt die einzig mögliche Antwort auf seine Frage klar. Ohne Umschweife kam sie zum Kern ihrer unbehaglichen Gefühle:

„Warum musste Bernhard Ströher sterben?", platzte die Gegenfrage aus ihr heraus

„Du wolltest doch eine Spenderleber für deinen Vater, oder nicht?" Er sprach ruhig und ohne vorwurfsvollen Unterton.

„Ja, natürlich!" Marietta brauchte jetzt nicht mehr nachzudenken. Die Worte sprudelten nun geradezu aus ihr heraus: „Klar wollte ich eine Spenderleber für meinen Vater. Das wollte ich schon lange. Aber musste dafür ausgerechnet ein junger Familienvater sterben?"

Sie erschrak selbst über ihre Lautstärke und hoffte, dass sie ihre Mutter nicht aufwecken würde. Das, was hier in ihrem Schlafzimmer vor sich ging hätte sie ihr beim besten Willen nicht zu erklären vermocht.

„Aber Marietta", der ‚Bote' sprach nun noch sanfter und leiser, was bei Marietta so gar nicht gut ankam. Sie fühlte sich, als wäre sie ein kleines Kind, das vom Vater eine banale Selbstverständlichkeit groß und breit erklärt bekommt. „Menschliche Organe wachsen nicht auf den Bäumen."

Auch wenn die Worte es fast nicht anders zuließen – sein Tonfall war frei von jeglichem Sarkasmus. Das brachte Marietta nur noch mehr in Rage.

„Mein lieber Engel Ratsiel oder wie auch immer du heißen magst. Es ist mir natürlich gänzlich bewusst, dass menschliche Organe nicht auf Bäumen wachsen. Wäre dem so, hätte ich meinem Vater schon vor Jahren eine Leber gepflückt."

Aus jeder Silbe ihrer Worte triefte der Sarkasmus derartig, dass ein unbedarfte Betrachter der Szenerie es wohl als blanken, offenen Hass interpretiert hätte. Doch Ratsiel blieb ruhig:

„Bitte verzeih mir, ich habe mich wohl ein wenig zu leger ausgedrückt. Was ich eigentlich sagen wollte ist, dass ein Spenderorgan immer den Tod eines Menschen voraussetzt."

Marietta atmete tief durch, um ihren Zorn etwas zügeln zu können und legte dann nach:

„Ja, das weiß ich – für wie blöd hältst du mich? Was ich eigentlich sagen wollte war: Warum ausgerechnet Bernhard Ströher?"

„Warum nicht Bernhard Ströher?", lautete die einfache Gegenfrage, die bei Ratsiel so klang, als wäre es die einzig mögliche Reaktion auf Mariettas Frage. „Wäre denn ein anderes Leben aus deiner Sicht weniger wertvoll gewesen? Du musst wissen, für Gott ist jedes Menschenleben unendlich wertvoll."

„Dafür lässt er aber ziemlich viele Menschen jeden Tag sterben." Marietta hatte jetzt Fahrt aufgenommen. Sie fühlte sich von Ratsiel missverstanden und war zwischenzeitlich sogar ziemlich gekränkt. Und auch wenn sie es nicht wirklich wollte, schwang in ihrem sarkastischen Unterton mehr Verbitterung und Trauer mit, als sie bereit war, sich einzugestehen.

„Die Menschen müssen sterben. Alle. Würden sie nicht sterben, hätten sie keine Möglichkeit ewig zu leben."

Das wiederum saß. Diese Logik war Marietta eindeutig zu hoch. Sterben um ewig zu leben?

„Darum geht es doch gar nicht. Natürlich müssen alle Menschen sterben. Aber wie viele unschuldige Menschen verhungern täglich, sterben im Krieg oder durch Krankheiten?"

Der Engel zeigte noch immer keine Gefühlsregung. Vielleicht waren Engel dazu gar nicht in der Lage – abgesehen von den bekannten Racheengeln – und bei denen war sich Marietta nicht ganz sicher, ob diese überhaupt in der Bibel vorkamen.

„Die Bewirtschaftung der Erde liegt in Menschenhand. Gott hat sie dem Menschen gegeben. Gott hat den Menschen vor allem die Freiheit gegeben. Damit können manche Menschen verantwortungsvoller umgehen als andere. Wenn Menschen die Erde ausbeuten und die Umwelt zerstören, trägt Gott keine Verantwortung mehr. Und auch alle Kriege dieser Welt werden ausschließlich von Menschen begonnen. Ja selbst Krankheiten sind oft die Folge von Umwelteinflüssen, verändertem Erbgut oder einem entsprechenden Lebenswandel. Dein Vater ist ja hier ein gutes Beispiel."

Das reichte nun aber wirklich. Natürlich hatte ihr Vater seine Leber durch seinen Alkoholismus kaputt gemacht, aber dies war eine psychische Krankheit, aufgrund seiner Schuldgefühle wegen des Unfalls.

„Da machen es sich du und dein Gott aber verdammt einfach", entgegnete Marietta schon wieder einen Tick zu laut. „Menschen in die Welt setzen und diese dann sich selbst überlassen oder was? Gott interessiert sich also nicht für uns?"

„Im Gegenteil. Gott hat ein großes Interesse an jedem Menschen. Sie sind sogar seine ganze Leidenschaft. Gott liebt die Menschen. In seinen Augen ist jeder Mensch wertvoll. Was meinst du Marietta, wieviel ist ein Mensch wert?"

Diese Frage verwirrte sie ziemlich. Was sollte sie darauf antworten. Scheinbar endlos zog sich die Stille dahin, während sie um Worte rang (was normalerweise bei Marietta eher selten der Fall war). Schließlich konnte sie nur recht kleinlaut zugeben.

„Ich weiß es nicht. Sowas kann man doch nicht berechnen."

„Der Mensch nicht, aber Gott schon. Er hat dafür sogar eine eigene Währung: Er ist einen ganzen Christus wert. Für Gott ist jeder einzelne Mensch so viel Wert wie sein eigener Sohn. Denn genau diesen Preis war Gott bereit zu bezahlen, um den Menschen eine Rückkehr zu ihm zu ermöglichen."

Marietta war verwirrt. Diese ganze ‚Er-opferte-seinen-eigenen-Sohn'-Logik hatte sie noch nie wirklich verstanden. Welcher Vater konnte schon so etwas Grausames tun? Wenn er sich selbst geopfert hätte, ja dann… aber seinen unschuldigen Sohn? Und weil sie vielleicht nie wieder die Gelegenheit dazu hatte, mit einem Engel zu sprechen, sprach sie genau diese Fragen bei Ratsiel an. Dieser schien über ein unendliches Geduldsvorkommen zu verfügen, denn er reagierte alles andere als genervt. Vielmehr schien es ihn überhaupt nicht zu überraschen, dass Marietta so eine direkte und unkonventionelle Frage stellte.

„Du hast noch keine Kinder Marietta. Du kannst noch nicht wissen, dass es ein größeres Opfer ist, sein Kind zu geben, anstelle sich selbst. Jesus ist Gottes Sohn und gleichzeitig Gott. Durch ihn sind alle Dinge geworden und werden alle Dinge geschehen. Es ist für euch Menschen immer ein wenig schwer zu verstehen. Gott ist vollkommen. Und Gott ist die Liebe. Die Liebe – das verstehst du – besteht aus einem Liebenden, einem Objekt der Liebe und dem verbindenden Geist der Liebe. Wenn Gott aber vollkommen ist, bleibt die Frage, wen hat er geliebt, bevor er den Menschen schuf? Hätte er den Menschen gebraucht, damit er jemanden lieben kann, wäre er doch nicht vollkommen. Aber gerade die Vollkommenheit Gottes zeigt sich dadurch, dass Gott ein dreieiniger Gott ist. Er muss es sein. Gott ist Liebender. Der Sohn ist Geliebter und der Heilige Geist die verbindende Kraft der Liebe. Und so hat Gott seinen Sohn, sein Objekt der Liebe gegeben und letzten Endes sich selbst. Für die Menschen, die er so sehr liebt. Es gibt keinen größeren Liebesbeweis, als wenn jemand sein Leben hingibt für andere.

Dies wurde notwendig, weil Gott in seiner Vollkommenheit absolut gerecht ist. Und die Gerechtigkeit erfordert es, dass die Sünde bestraft wird. Das ist die Sache mit dem Gut und Böse. Wenn Gott einfach so über alles Böse hinweg sehen würde, wäre er zwar ein gnädiger und barmherziger Gott, aber alles andere als gerecht. Dieses Prinzip ist dir sicher auch nicht fremd. Du musst dir nur vorstellen, dass du dir etwas nimmst, was dir gefällt – du es dir aber nicht leisten kannst. Zum Beispiel eines dieser superteuren Smartphones. Wenn dich dann der Ladenbesitzer beim Diebstahl erwischt und du ihm mit deinem ganzen Charme erklärst, dass du dir immer schon so ein Telefon gewünscht hättest, aber du es dir nie und nimmer leisten könntest und ihm deine ganze wirtschaftliche Situation ehrlich offenbarst, könnte es sein, dass er es dir schenkt. Dann wäre er ein großzügiger und gnädiger Händler. Aber was ist mit den Menschen, die dafür über eintausend Euro bezahlen mussten? Die vielleicht einen Kredit aufgenommen haben? Deren wirtschaftliche Lage noch viel prekärer ist als deine und die trotzdem ehrlich geblieben sind? Gegenüber denen wäre es doch total ungerecht, oder nicht?"

Marietta bestätigte durch ein deutliches Kopfnicken, dass sie dem Engel folgen konnte.

„Der Ladenbesitzer kann also nur gnädig ODER gerecht handeln. Er ist nicht vollkommen. Anders wäre es, wenn ein Dritter ins Spiel käme. Nehmen wir mal an, dein Onkel weiß um deinen innigen Wunsch nach einem teuren Smartphone. Er fährt zum Geschäft und sagt dem Ladenbesitzer, dass in Kürze seine Nichte kommen und sich bei den Smartphones umsehen wird. Er bezahlt den Preis für das teuerste Modell und weist den Inhaber an, dir das Smartphone zu geben, wenn du kommst. Du brauchst nichts dafür zu tun. Alles ist schon bezahlt. Du musst es nur noch abholen. Damit ist der Gerechtigkeit genüge getan, denn nach geltendem Recht, muss man Ware bezahlen. Du selbst hast dennoch pure Gnade erfahren, weil du es kostenlos bekommen hast. Genau so hat Jesus für die Menschen den Preis für ihre Sünden bereits vorab bezahlt. Der Gerechtigkeit ist genüge getan. Jeder Mensch kann dieses Gnadengeschenk völlig kostenlos abholen. Das Geschenk ist für den Beschenkten kostenlos, aber den Schenkenden hat es alles gekostet. Das macht einen Menschen so unendlich wertvoll. Jeden Menschen. Weil Gott für jeden Menschen die Rechnung bereits bezahlt hat und ihm die volle Adoption mit allen Rechten anbietet. Jeder kann einfach so kommen und als Kind Gottes sein Erbe antreten."

Marietta war dieser Gedankengang genauso logisch wie neu und sie hing den Worten von Ratsiel noch etwas hinterher, weshalb eine kleine Gesprächspause entstand, bis sie ihr Innerstes wieder sortiert hatte. Doch ihre Sorge um die kleine Jana-Joy blieb.

„Und was wird aus Jana-Joy?", sprach sie ihre Bedenken laut aus.

„Sie wird lernen müssen, ohne Vater zu leben. Wie ihr das gelingen wird und wie dieses Schicksal zu einem positiven Ende kommt, vermag ich nicht zu sagen. Ich bin nur ein Bote Gottes. Ich bin weder allwissend noch allmächtig. Das musst du schon Gott überlassen. Alles was ich dir sagen kann, ist, dass Jana-Joy keine Minute ihres Lebens alleine sein wird. Ihr himmlischer Vater wird bei ihr sein. Übrigens ist er auch jede Minute deines Lebens bei dir."

Der Engel richtete seinen durchdringenden Blick auf Marietta, die sofort verstanden hatte, was Ratsiel damit sagen wollte. Sie als 34-jährige, gestandene Frau hatte aus purer Selbstsucht Gott darum gebeten, dass er ihr den Vater noch nicht wegnimmt. Während ihr Vater durchaus im festen Glauben an Gott seine Reise in den

‚Himmel' gerne angetreten hätte. Das hatte er ihr ja deutlich gesagt. Er hatte der Transplantation nur ihr zuliebe zugestimmt. Und das hatte einem kleinen Mädchen den Vater und einer schwangeren Frau den Ehemann gekostet. Aber dennoch hätte sie ihren Vater doch sehr gerne noch eine Weile bei sich gehabt. Sie wollte sich nicht damit abfinden, jetzt wo sie gesehen hatte, dass es möglich war. Jetzt, wo sie wusste, dass Gott alles möglich machen konnte. Sie suchte fieberhaft nach einem Ausweg. Wie war es möglich, dass Bernhard Ströher am Leben blieb und ihr Vater trotzdem nicht tot war?

Der Engel schien sie die ganze Zeit genau zu studieren. Das war Marietta schon etwas unheimlich. Er blickte sie an und sie hatte das Gefühl, dass er in ihr Innerstes schauen konnte. Er ließ sich nicht von Haut, Muskeln, Fettgewebe (wobei letzteres bei ihr doch ziemlich undurchdringbar schien) ablenken. Es war ihr, als blicke er direkt in ihre Seele, wo auch immer diese rein geographisch in ihrem Körper zu finden war.

„Du bist innerlich immer noch sehr bewegt", belegte Ratsiel ihre – eigentlich recht abwegige – Theorie. Aber woher sollte Marietta wissen, welche Fähigkeiten ein solch imposantes Himmelswesen besitzt und welche nicht? Es war ja möglich, dass er ihre Gedanken lesen konnte. Diese Befürchtung hatte zur Folge, dass sie sofort derart peinlich berührt war, dass sie spürte, wie ihr die Röte ins Gesicht stieg.

„Naja, ich bin immer noch hin- und hergerissen. Ich denke, es war ein Fehler, Gott anzuklagen, warum er nicht rechtzeitig für eine Spenderleber gesorgt hat. Nun sehe ich die Konsequenzen einer derartigen Entscheidung und fühle mich natürlich mehr als unwohl bei dem Gedanken, dass ich für den Tod eines jungen Familienvaters verantwortlich bin. Aber ich bleibe dabei, dass es ungerecht ist, meinen Vater so einfach sterben zu lassen."

„Du denkst also, es wäre die Schuld Gottes, dass er gestorben ist?" fragte der Engel mit sanfter Stimme ohne jegliche Spur einer Anklage.

„Nicht direkt. Ich weiß schon, dass die Alkoholabhängigkeit meinem Vater die Leber ruiniert hat. Aber Gott hätte es verhindern können. Wenn mein Vater damals diesen schrecklichen Unfall nicht gebaut hätte, wäre er niemals dem Alkohol verfallen. Und dann wäre seine Leber nicht kaputt geworden. Im Grunde ist eigentlich dieser bescheuerte Unfall schuldig. Ich verstehe nicht, wie Gott diesen Unfall zulassen konnte. Er ruinierte gleich zwei Leben: Es starb ein junger, unschuldiger Mensch und mein Vater verkraftete es nicht, einen Menschen getötet zu haben. Wäre dieser Unfall nur nie passiert."

Mariettas Stimme überschlug sich fast. Sie hatte sich regelrecht in diese Argumentationskette reingesteigert. Doch ihr Gegenüber blieb immer noch ganz ruhig und gelassen und fasste ihre Gedanken noch einmal zusammen:

„Das heisst, du denkst, dass Gott damals schon einen großen Fehler begangen hat?“

Nach kurzer – recht kurzer– Überlegung, antwortete Marietta:

„Ja, genau das denke ich.“

14

Als Marietta am nächsten Tag wieder zu sich kam, war ihre Erinnerung zunächst ein wenig getrübt. Was war in der Nacht noch gleich geschehen? Sie brauchte eine ganze Weile, bis sie alles rekonstruiert hatte. Es war wieder passiert. Er war erneut gekommen. Zum zweiten Mal hatte Ratsiel sie aufgesucht. Angesichts dessen, was Johannes Glockner gestern gesagt hatte, machte sie das schon ein klein wenig stolz. Doch sogleich fiel ihr der Inhalt des Gesprächs wieder ein und mit diesen Gedanken brach auch wieder die Ernsthaftigkeit ihrer momentanen Situation durch: Die Transplantation, Hildegard und Jana-Joy. Ihre Schuldgefühle überkamen sie erneut und heftiger als je zuvor. Eine Welle voller Hoffnungslosigkeit schlug über ihr zusammen und ließ sie befürchten, dass sie an der Masse ersticken würde.

Sie warf die Bettdecke zurück und sprang aus dem Bett als könne sie so dem Ganzen entkommen. Natürlich war dem nicht so. Dennoch beeilte sie sich mit dem Waschen und Anziehen. Sie hatte sich fest vorgenommen, heute nochmals mit ihrem Vater zu sprechen. Eigentlich hätte sie ihm gerne von dem Engel erzählt und unter normalen Umständen hätte er sicher ähnlich reagiert wie Pfarrer Glockner, doch in seinem derzeitigen Zustand, wollte sie kein Risiko eingehen. Also hatte sie beschlossen, ihm von ihrem Besuch beim Pfarrer zu berichten und nochmals seine Argumente für die Transplantation vorzubringen. Vielleicht fühlten sie sich dann beide wenigstens ein klein wenig besser. Sie stieg die Treppe zur Wohnung ihrer Eltern hinauf, um ihre Mutter zu fragen, ob sie mit ihr ins Krankenhaus kommen wolle. Wovon sie fest ausging.

Sie traf ihre Mutter oben gekleidet mit einer braunen Lederjacke an. Gloria war offensichtlich gerade im Begriff zu gehen. Dieser Anfangsverdacht erhärtete sich, als sie zu ihr sagte:

„Marietta, du bist noch da? Ich bin leider etwas spät dran."

Mit dieser Aussage konnte Marietta nun so gar nichts anfangen. Wo wollte ihre Mutter denn so früh am Morgen hin? Es war noch nicht mal acht Uhr. Und da sich Marietta nur einen Grund für Glorias Eile denken konnte, fragte sie:

„Gehst du zu Papa?"

Ihre Mutter erstarrte und Marietta hätte schwören können, dass die Raumtemperatur spontan um zwei Grad Celcius abkühlte. Wie in Zeitlupe drehte sich Gloria Helmig um und ihr Gesichtsausdruck war schwer zu deuten. Marietta schwankte bei der Analyse zwischen ‚absolutem Entsetzen' und ‚blankem Horror'.

„Zu Papa? Ich?"

Gloria artikulierte jede einzelne Silbe als spucke sie die ekelhaften Einzelheiten einer kulinarischen Dschungelprüfung aus. Marietta war komplett verwirrt. Ein Zustand, der mittlerweile zu ihrem Gefühls-Standardrepertoire gehörte. Und aufgrund der Erfahrungen der letzten Zeit, wusste sie mit äußerster Vorsicht zu agieren. Sie versuchte die ganze skurrile Situation abzuwiegeln, indem sie möglichst unverbindlich antwortete:

„Ich dachte nur."

Darauf reagierte ihre Mutter ungewohnt aggressiv.

„Du dachtest? Wohl eher nicht! Dafür habe ich jetzt nun wirklich keine Zeit. Ich muss zur Arbeit."

Noch während sie die letzten Worte sprach, verließ sie das Haus und knallte die Tür hinter sich zu.

Marietta blieb allein und völlig verdutzt zurück. Zur Arbeit? Ihre Mutter? Seit sie geboren war, hatte ihre Mutter nicht mehr gearbeitet. War Gloria jetzt völlig übergeschnappt? Oder war es Mariettas Verstand, der endgültig seinen Dienst quittierte? Das würde auch ihre andauernden Engelserscheinungen erklären.

Marietta ging ins Wohnzimmer und wurde bei dessem Anblick beinahe vom Schlag getroffen: Nichts aber auch gar nichts an diesem Zimmer sah so aus, wie sie es all die Jahre gewohnt war. Die Möbel sahen aus, als wären sie aus einem billigen Discount-Markt. Eine weiße Wohnwand aus Kunststoff mit gläserner Vitrine stand einem schwarzen Kunstledersofa gegenüber, das nicht mehr als 400 Euro gekostet haben konnte. Im Essbereich war ein runder Tisch mit einer Glasplatte umgeben von vier Freischwingern, die ebenfalls mit schwarzem Kunstleder überzogen waren. Das war nun so gar nicht der Stil von Gloria Helmig. Von dem ihres Vaters ganz zu schweigen. Was Möbel und Mode anbelangte waren beide eigentlich immer sehr konservativ unterwegs gewesen. Die Krönung des Ganzen war ein Kunstdruck eines Andy-Warhol Motivs an der Wand, wo bis gestern noch die Familienfotos an gute alte Zeiten erinnerten. Jetzt fiel Marietta auf, dass es im ganzen Zimmer nur ein Foto auf dem weißen Kunststoff-Sideboard gab. Das zeigte sie selbst an ihrer Konfirmation, was zugegeben schon ein paar Monde zurück lag.

Etwas war faul hier. Und zwar mächtig. Dagegen war die örtliche Mülldeponie eine Oase der Frische. Wie sollte Marietta das einordnen, was ihr gerade passierte? Zu allem Übel klingelte jetzt auch noch ihr Handy, das sie nach dem Ankleiden in einem Akt purer Gewohnheit in die Gesäßtasche ihrer Jeans gesteckt hatte. Sie blickte auf das Display und identifizierte die Anruferin als ihre Kollegin Elke.

„Ja, hallo Elke. Was gibt's?“ fragte sie überrascht davon, dass sie in ihrem Urlaub gestört wurde. Das war normalerweise nicht die Art ihrer Kollegin. Es musste also etwas sehr Dringendes sein. Doch die normalerweise so ausgeglichene Elke rief aufgeregt in den Hörer hinein:

„Was es gibt? Sag mal spinnst du? Wo bleibst du denn? Die sitzen alle schon im Besprechungszimmer und warten auf dich.“ Jetzt stand Marietta kurz vor der Ohnmacht. Was hatte sie denn jetzt schon wieder verpasst? Sie verstand wirklich gar nichts mehr.

„Wieso warten die auf mich, ich habe doch Urlaub?“ fragte sie deshalb verwirrt.

„Urlaub? Marietta, was ist los mit dir? Du hast heute die Präsentation des Messestandes für die Geschäftsleitung. Alle sind da. Nur du nicht.“

Elkes Stimme machte deutlich, dass sie der Verwirrung von Marietta in nichts nachstand und Marietta wurde der ganze Druck derartig zu viel, dass sie nur sagte.

„Sag ihnen einfach, ich bin krank."

Das brachte Elke nun endgültig auf die Palme

„Bist du komplett wahnsinnig? Dann kannst du deinen Job vergessen. Du weißt, dass sie dich sowieso auf dem Kieker haben."

Doch in ihrer ganzen Verzweiflung wusste Marietta nichts besseres als wahrheitsgemäß und aus tiefstem Herzen zu antworten:

„Ist mir egal. Ich habe größere Sorgen!"

Sie legte auf und wischte das Gespräch zur Seite, um sich den wirklich elementaren Problemen ihres Lebens zu widmen. Und zu allererst bedeutete das, dass sie der Sache mit ihrer Mutter und der veränderten Wohnung auf den Grund gehen musste. Doch wie in aller Welt sollte sie das nur anstellen?

Ganz plötzlich, wie ein Leuchtturmsignal im dichten Nebel kam ihr die rettende Idee: Die Kiste im Schlafzimmerschrank ihrer Eltern! Dort würde sie sicher die notwendigen Hinweise darauf finden, was hier vor sich ging.

Dieses Mal hatte sie es sehr eilig, die Treppen zum Schlafgemach ihrer Eltern zu erklimmen. Sie öffnete die Tür und erstarrte erneut. Es befand sich kein Doppelbett mehr im Zimmer. Stattdessen fand sie eine Art Seniorenbett, das etwas höher war und mit einem elektrischen Lattenrost ausgestattet war, was die am Bett angehängte Fernbedienung offenbarte. Wenigstens der Escheschrank war noch da und so fand sie auch die gesuchte Karton-Box recht schnell. Doch beim Öffnen des Deckels erkannte sie gleich, dass der Inhalt nicht mehr derselbe war, den sie beim letzten Mal vorgefunden hatte. Stattdessen fand sie ein paar Fotos, aus denen etwas herausgeschnitten wurde. Beim näheren Betrachten erkannte Marietta, dass es sich jeweils um den Kopf ihres Vaters handelte, der auf diesem Weg aus den Bildern montiert worden war. Ein weiteres Puzzlestück, das ihr gesamtes Bild keinesfalls deutlicher erkennbar machte. Im Gegenteil. Jetzt wurde es so richtig schräg.

Sie machte sich auf die Suche nach den Tagebüchern ihrer Mutter und musste glücklicherweise nicht allzu lange graben, bis sie ein kleines Ringbüchlein fand, dessen Umschlag ein grafisches Muster in knallbunten Farben zierte. Es war ganz offensichtlich ein anderes Buch, als Marietta zuletzt hier drin vorgefunden hatte, aber zu ihrer Erleichterung fand sie dennoch beim Aufschlagen die vertraute Handschrift ihrer Mutter auf den ziemlich vergilbten Seiten. Das Büchlein war offensichtlich schon etwas älter und dementsprechend war der letzte Eintrag vom Jahr 2010. Sie inhalierte die Zeilen förmlich und entnahm ihnen, dass sich ihre Eltern in diesem Jahr getrennt hatten. Das war ein unerwarteter Schock. Hier drin stand Schwarz auf Weiß, dass Robert seine Frau wegen einer Lehrerkollegin verlassen hatte. Das machte nun überhaupt keinen Sinn. Sie blätterte weiter zurück und sog alle Informationen begierig in sich auf. Dieses Mal verspürte sie keinerlei Skrupel in den intimen Gefühlen ihrer Mutter zu stöbern. Sie wollte einfach wissen, was los war. Sie musste es wissen.

Es dauerte ungefähr eine halbe Stunde, bis sie sich ein umfassendes Bild gemacht hatte. Nicht dass sie etwas von den Informationen kognitiv verarbeiten konnte. Es war vielmehr, als beobachte sie sich selbst in einem Spielfilm. Und allein die Distanz ermöglichte ihr, die Tatsache ganz sachlich zu betrachten.

Offensichtlich hatte sich der Verlauf der Geschichte – ihrer Geschichte – komplett verändert. Es hatte nie einen Unfall gegeben. Robert Helmig war nicht Schuld am Tod seines Schülers Magnus Bittermann. Aber eben dieser Magnus Bittermann starb dennoch am 23. Juni auf tragische Weise. Er war am frühen Vormittag bis an die Zähne bewaffnet in seine Schule eingedrungen und hatte wild um sich geschossen. Es gab neun Tote und zwölf Verletzte. Sechs Lehrkräfte und zwei Schüler verloren ihr Leben, bevor Magnus sich selbst mit der Waffe richtete. Ihr Vater wurde von einer Kugel verletzt und bei der nachfolgenden Traumabewältigungs-Therapie hatte er eine Affäre mit besagter, damals ebenfalls betroffener Kollegin begonnen, für die er dann schlussendlich seine Frau verließ. Als Folge seines erlebten Traumas wurde er aus psychischen Gründen für dienstunfähig erklärt. Und so musste Gloria einen Job annehmen, um über die Runden zu kommen.

Die erlittene Enttäuschung, Zurückweisung und Demütigung konnte Marietta zwischen den Zeilen erkennen. Sie brauchte nun nicht weiter zurück zu blättern. Es genügte, um eine Erklärung für das Verhalten ihrer Mutter vorhin zu erhalten.

Es war also schon wieder passiert. Wieder hatte sich nach dem nächtlichen Besuch von Ratsiel die Realität geändert. Sie räumte die Sachen sorgfältig in die Kiste zurück. Als sie die Treppenstufen wieder hinunter stieg, beschloss sie noch ganz kurz einen Blick auf das Datum der heutigen Zeitungsausgabe zu werfen. Nur um sicher zu gehen: Es stimmte also, es war derselbe Tag, wie gestern. Nur war heute alles völlig anders als zuvor. Das hörte sich nicht nur verwirrend an, sondern war auch total konfus. Durch ihr gestriges Gebet war erneut eine andere Wirklichkeit entstanden. Doch dieses Mal waren die Veränderungen um ein Vielfaches weitreichender als beim letzten Mal. Marietta war sich ziemlich sicher, dass ihr diese Veränderungen so ganz und gar nicht gefallen würden.

15

Es war ihr sofort klar gewesen, was sie zu tun hatte. Noch bevor sie den Türgriff zu ihrer Einliegerwohnung heruntergedrückt hatte, wusste sie, dass sie Robert aufsuchen musste. Sie musste es einfach mit eigenen Augen sehen. Wahrscheinlich sah sie aufgrund der ganzen verwirrenden Erlebnisse immer noch eine winzig kleine Chance, dass es sich bei den Eintragungen in Glorias Tagebuch lediglich um den Entwurf eines Romans handelte. Auch wenn sie bislang die schriftstellerischen Ambitionen ihrer Mutter für niedriger gehalten hatte, als das Niveau des Vormittagsprogramms im deutschen Privatfernsehen, sie brauchte Gewissheit.

Da sie nicht wusste, wo Robert Helmig in dieser neuen Realität wohnte, hatte sie auf dem Weg zum Auto mit ihrem Smartphone im Internet nach ihm gesucht. Sie hatte einfach gehofft, dass er in der Stadt geblieben war. Nachdem auch seine neue Partnerin hier unterrichtet hatte, war sie zuversichtlich gewesen, dass sie beide ihren Lebensmittelpunkt hier behalten hatten.

Glücklicherweise bestätigte das digitale Telefonbuch ihre Theorie. Sie fand die Adresse von Robert Helmig und Serafina Arms und brauchte für die Fahrt noch nicht einmal das Navigationssystem, da sich die Adresse nur wenige Straßenzüge von ihrem Elternhaus entfernt befand. So dauerte es auch nicht lange, bis sie am neuen Heim ihres Vaters angekommen war.

Sie stellte ihr Auto am Straßenrand ab und betrachtete das

Einfamilienhaus, in dem ihr Vater nun mit einer anderen Frau wohnte. Es war alles so unwirklich, dass Marietta es noch nicht wirklich begriffen hatte. Sie handelte automatisch, fast wie ferngesteuert. Ihre Logik funktionierte völlig emotionslos und so ließ sie sich selbst auch keine Möglichkeit um nachzudenken, sonst wäre sie vermutlich irgendwann vor ihrer eigenen Courage zurückgeschreckt. Aber so schritt sie mutig die gepflasterte Einfahrt zu dem verhältnismäßig kleinen Häuschen hinauf.

Es war ein gelb gestrichenes, zweistöckiges Gebäude mit weißen Sprossenfenstern und einer ebenfalls weißen Haustür aus Holz, deren Mitte ein messingfarbener Türklopfer zierte.

Während sie noch überlegte, ob sie nun den Klopfer betätigen sollte oder ob es irgendwo eine Klingel gab, hörte sie einen Wagen die Auffahrt heraufkommen. Sie drehte sich um und sah einen silberfarbenen VW Golf, aus dem ihr Vater ausstieg. Er trug eine Art Kung-Fu-Anzug in hellbeige, war braun gebrannt und wirkte äußerst gesund. Es schien als wäre er noch erschrockener über ihren Anblick, als es umgekehrt der Fall war.

„Marietta, was machst du denn hier", rief er etwas übertrieben freundlich aus.

Marietta wusste nicht genau, wie sie reagieren sollte. Einerseits war sie froh, ihren Vater derart wohlauf zu sehen. Andererseits hatte sie gerade erst erfahren, dass sie nun eine Scheidungswaise war und hegte ziemlichen Groll gegenüber ihrem Vater. Also antwortete sie, um Zeit zu gewinnen, recht unverbindlich:

„Ich wollte nur sehen, wie es dir geht."

„Oh, das ist ja schön. Ich freue mich, dass du wieder mit mir sprichst." Das Ganze klang sarkastischer, als es offensichtlich gemeint war. Denn eigentlich konnte Marietta keinen aggressiven Unterton feststellen. Im Gegenteil. Robert war sehr verlegen und traute sich nicht, seiner Tochter in die Augen zu sehen.

Marietta hatte bisher nicht gewusst, dass sie nicht mehr mit ihrem Vater gesprochen hatte. Aber eigentlich war sie nicht überrascht darüber. Sie kannte sich und die Wut, die sie gegenüber ihrem Vater empfand, seit sie von der Affäre und der Trennung erfahren hatte, brach sich gerade Bahn in ihrem Bewusstsein. Doch die Gesamtsituation erforderte nun ein Abschütteln ihrer eigenen Befindlichkeiten. Sie musste Fakten herausfinden. Tatsachen, die es ihr ermöglichten, die aktuelle Realität einzuordnern und zu bewerten. Schnell sagte sie:

„Ich dachte, wir sollten unser Kriegsbeil endlich begraben."

Robert strahlte über das ganze Gesicht und nahm seine Tochter überschwänglich in den Arm.

„Das ist ja eine nette Überraschung. Komm doch herein und trink eine Tasse Tee mit uns. Serafina wird sich genauso über deinen Besuch freuen wie ich."

Sein Enthusiasmus war kaum zu bremsen und da Marietta keine andere Wahl hatte, nahm sie sein Angebot an. Robert schloss die Tür auf und rief ins Haus hinein:

„Schatz, ich bin wieder da und rate mal, wen ich mitgebracht habe. Da kommst du niemals drauf."

Sie gingen durch den Flur in die große Wohnküche, die recht modern eingerichtet war, aber dennoch eine gewisse Gemütlichkeit ausstrahlte. Er bot ihr einen Platz an der Küchentheke an, den Marietta dankend annahm. Da seine Lebensgefährtin noch immer nicht in Erscheinung getreten war, machte sich Robert daran, Wasser für einen Tee aufzusetzen. Es gab nur ein Problem: Marietta hasste Tee. Sie musste schon extrem krank und schwach sein, so dass sie keinerlei Widerstand mehr leisten konnte, um auch nur eine entfernt verwandte Art von Tee zu sich zu nehmen. So fragte sie höflich:

„Kann ich auch eine Tasse Kaffee haben?"

Nachdem sie heute noch kein Koffein konsumiert hatte, war ihr Verlangen nach Kaffee schon in unmoralischen Dimensionen angelangt.

„Entschuldige mein Schatz", meinte Robert mit einem Achselzucken „aber wir haben nur Grünen und Weißen Tee im Haus. Keine stimulierenden Substanzen, die den Körper verunreinigen könnten."

Aus Mangel an einer Alternative bat Marietta einfach um ein Glas Mineralwasser. Aber auch dieser Wunsch konnte ihr nicht erfüllt werden. Es gab nur magnetisiertes Wasser ohne Kohlensäure, dafür auch ohne jeglichen Geschmack. Und das obwohl es durch einen aufwändigen Filter gelaufen war, der dem Wasser auf schwer nachvollziehbare Weise angeblich irgendwelche magischen Heilkräfte verliehen hatte.

Als die Getränkefrage endlich geklärt war, begann Marietta zu fragen:

„Wie geht es dir Papa?“

Es war eine durchaus ernst gemeinte Frage, schließlich wusste Marietta nichts darüber, wie es seiner Leber ging oder wie es um seine gesamte Verfassung bestellt war.

„Mir geht es sehr gut. Seit wir uns vegan ernähren, habe ich viel mehr Energie und die täglichen Qi Gong Übungen und das Yoga haben dafür gesorgt, dass meine Alpträume auch nachgelassen haben. Hätte ich nur schon früher von der fernöstlichen Heilkunst erfahren, ich wäre vielleicht nie dienstunfähig geworden.“

Die Informationen waren für Marietta genau so aufschlussreich wie verwirrend. Sie konnte nun Roberts Outfit, den Tee und das Magnetwasser zwar besser einordnen, allerdings stand das so ganz im Gegensatz zu seiner Philosophie, die er noch Stunden zuvor als Christ an den Tag gelegt hatte. Nicht, dass sich Marietta ein Urteil erlauben konnte aber mittlerweile schien ihr die Existenz Gottes durch das eine oder andere kürzliche Erlebnis recht wasserdicht bewiesen. Wie das Ganze zusammen ging, konnte sie momentan noch nicht sagen.

Ihre Schlussfolgerungen wurden durch den Auftritt von Serafina jäh unterbrochen. Sie betrat den Raum mit einem „Hallo“, das eine klitzekleine Spur zu laut und aufgesetzt wirkte. Sie entschuldigte ihr legeres Aussehen damit, dass sie gerade auf dem Weg ins Yoga-Studio war. Robert warf erklärend dazwischen, dass sie dort als

Trainerin arbeitete. Auch wenn Marietta diese Frau eigentlich – aus gegebenem Anlass – überhaupt nicht mögen durfte, wirkte sie recht sympathisch. Trotz oder gerade wegen ihrer Unsicherheit.

Sie war deutlich jünger als Robert. Marietta schätzte sie so auf Mitte Fünfzig. Sie hatte eine jugendliche Figur, die durch ihr sportliches Yoga-Outfit betont wurde. Ihr rundliches Gesicht hatte eine rosige Farbe und ihre braunen Augen, die nur von wenigen Lachfältchen umrahmt wurden blickten sie freundlich an. Ihre Lippen waren in einem dezenten braun geschminkt und offenbarten beim Lächeln makellose Zähne. Umrahmt wurde ihr Gesicht von rotblondem Haar, das sie in einem losen Knoten im Nacken zusammengefasst trug. Sie gab an, schon sehr spät dran zu sein, schnappte ihren Schlüsselbund und verabschiedete sich kurzerhand mit einem fröhlichen Winken. Wenige Sekunden später hörte Marietta die Haustür ins Schloss fallen. Sie zuckte unmerklich kurz zusammen. Jetzt war sie mit ihrem Vater allein.

Es herrschte eine merkwürdige Stimmung. Bevor das Schweigen allzu unangenehm wurde, hörte sie ihren Vater mit dünner, brüchiger Stimme sagen:

„Marietta, du musst wissen, es tut mir alles schrecklich leid. Ich hatte das nie so geplant. Es ist einfach passiert und ich kann es auch nicht erklären. Du weißt, dass deine Mutter nicht ganz gesund war. All die Jahre habe ich sie immer unterstützt und mit ihr gegen ihre Depressionen gekämpft. Als ich dann diese schrecklichen Erlebnisse verarbeiten musste, konnte ich von ihr keine Hilfe erwarten.

Ich meine, ich bin ihr deswegen nicht böse gewesen. Im Gegenteil, aber ich wusste, dass ich sie nicht mit meinen Problemen belasten konnte. Das hat wohl dazu geführt, dass wir uns fremd geworden sind. Und dann war da Serafina. Sie verstand mich. Sie hatte das Gleiche durchmachen müssen. Und wir verliebten uns. Bitte glaube mir, dass ich die Ehe mit deiner Mutter nicht leichtfertig aufgegeben habe und du schon gleich gar nichts damit zu tun hattest. Du weißt, ich liebe dich über alles. Das war schon immer so und wird auch immer so bleiben."

Marietta musste schlucken, um nicht loszuheulen. Die Worte berührten sie. Das waren keine leeren Entschuldigungen. Robert Helmig hatte tatsächlich all die Jahre unter der Situation gelitten. Er hatte es sich zweifelsfrei nicht leicht gemacht und natürlich hatte das Ganze nicht im Geringsten etwas mit ihr zu tun. Aber sie fühlte sich schon immer zu der Seite der Schwachen hingezogen und in diesem Fall war die zurückgelassene Ehefrau eindeutig das schwächste Glied und die große Verliererin. Aber auch das änderte nichts daran, dass Robert ihr Vater war und sie ihn liebte.

„Ich liebe dich auch", sagte sie deshalb und blickte ihm direkt in die Augen.

Er hielt ihrem Blick nicht stand, was sie als Scham deutete. Und genau das, war ihr sehr unangenehm. Ihr Vater sollte sich nicht vor ihr schämen müssen. Das war einfach nicht richtig.

Eine Frage brannte ihr unter den Nägeln:

„Bist du glücklich?"

Er brauchte eine Spur zu lange für sein „Ja".

Marietta spürte, dass er zwar rein äußerlich gesund aussah, aber innerlich von einem großen Unfrieden geplagt wurde. Woher dieser rührte, vermochte sie in diesem Moment nicht zu sagen. Aber sie vermutete stark, dass es nicht allein um die Trennung ging. Hätte sie ihren Vater nicht nach seiner Bekehrung erlebt, wäre sie wohl auf die glückliche Fassade hereingefallen. Alles wirkte völlig harmonisch und gut. Aber Marietta kannte den Unterschied.

Nach Depression und Alkoholismus hatte ihr Vater in seinem Glauben endlich einen tiefen Frieden gefunden. Auch wenn es gesundheitlich bergab ging, ruhte er stets in sich selbst. Er pflegte zu sagen, dass es Wichtigeres gibt, als die Gesundheit und dass es Schlimmeres gibt als zu sterben. Er strahlte diese tiefe Zufriedenheit aus, der sie immer völlig unverständig gegenüber gestanden war. Dieser Robert hier wirkte immer noch wie ein Getriebener. Auch wenn sie ihn nur wenige Minuten gesehen hatte, wusste sie, dass dieses ganze gesunde, vegane Leben mit all den merkwürdigen Lebensmittel und Leibesübungen, ihn nicht zufriedener machte. Wie ein Hamster im Käfig versuchte er vergeblich seiner Jugend und Gesundheit hinterher zu rennen. Irgendjemand hatte ihn wohl davon überzeugt, dass das Wichtigste im Leben die Gesundheit war und die versuchte er mit zunehmender Verzweiflung um jeden Preis zu bewahren. Aber die Zeit arbeitete gegen ihn. Das wusste er. Und er tat ihr deswegen unendlich leid.

Anscheinend hatte er in dieser Realität nie die Gelegenheit gehabt, den christlichen Glauben kennen zu lernen. Er hatte ja auch keinen Entzug gemacht und in der Klinik diesen christlichen Therapeuten getroffen. Diese Schlussfolgerung traf Marietta mit der Wucht eines wassertriefenden Schneeballs, der sie gleichzeitig aus ihrer Lethargie riss. Sie hatte mit ihrem Egoismus ihrem Vater den für ihn so undendlich wichtigen Wandel hin zu einem Christen verwehrt. Jetzt hatte sie das Gefühl, ein völlig fremder Mann stand vor ihr.

„Hast du Angst vor dem Tod?", fragte sie ihn direkt und ohne Umschweife.

Das schockierte ihn, kam es für ihn doch völlig unerwartet – aus heiterem Himmel. Er schluckte und überlegte, sichtlich angespannt, eine Antwort. Es erschien Marietta als hätte er sich diese Frage noch nie im Leben offen gestellt. Als hätte er den Gedanken an Tod und Endlichkeit stets in einem adäquaten Abstand zu sich gehalten, wie der Dompteur seinen Tiger in der Manege. Doch jetzt war er damit konfrontiert worden. Unerbittlich und erbarmungslos forderte seine einzige, geliebte Tochter eine Antwort auf die scheinbar allesentscheidende Frage.

Und plötzlich schien es, als ließe er alle Abwehr und Fassade mit einem Mal fallen. Sie konnte sehen, dass er förmlich in sich zusammensackte, als er seinen Widerstand aufgab. Er atmete hörbar aus und ließ die Schultern sinken.

„Ja, ich habe Angst vor dem Tod. Vor dem unaufhaltsamen Zerfall. Vor dem langsamen Sterben, das bei jedem Menschen schon mit der Geburt beginnt. Ich bin jetzt 63 Jahre alt und es macht mir

Angst, dass der größte Teil meiner Lebensdauer längst hinter mir liegt."

Leise und ganz zerbrechlich kamen diese Worte aus seinem Mund.

Marietta empfand tiefes Mitgefühl für ihren Vater. Sie konnte sich nicht helfen, aber trotz seines offensichtlich guten Gesundheitszustands wirkte er heute um ein Vielfaches verletzlicher als gestern. Oder wie man die Vergangenheit mit demselben Datum auch immer korrekt benennen möge. Sie wusste es: Sie hatte einen schrecklichen Fehler begangen, als sie darum gebeten hatte, den Unfall ungeschehen zu machen. Niemals hatte sie sich dabei auch nur im Entferntesten ausgemalt, dass dies derart weitreichende Konsequenzen haben würde. Aber je länger sie darüber nachdachte, desto logischer wurde es, dass eine weiter zurückliegende Veränderung der Realität wesentlich größeren Einfluss auf die Gegenwart haben müsste.

Auf einmal hatte sie es eilig. Sie musste ihre Gedanken sortieren. Einen klaren Kopf bekommen und mit dem einzigen Menschen darüber reden, der sie verstehen würde: Johannes Glockner. Sie hoffte inständig, dass er auch in dieser Realität Pfarrer dieser Gemeinde war und auch wenn sie wusste, dass er sie auch dieses Mal nicht wieder erkennen würde, war er der einzige, von dem sie sich Hilfe versprechen konnte. Dennoch konnte und wollte Marietta ihren Vater nicht so zurücklassen. Sie nahm ihn in die Arme und versuchte ihn zu trösten, indem sie sagte:

„Weißt du, ein sehr kluger Mann hat einmal gesagt, schlimmer als zu sterben ist unfrei zu leben. Du solltest überlegen, ob du dich frei fühlst und wo du wahre Freiheit finden kannst. Ich muss jetzt gehen. Aber wir sehen uns ganz bestimmt wieder."

Den letzten Satz sprach sie nur halbherzig aus, da sie im Moment wirklich nicht wusste, ob, wann oder wie sie ihren Vater wiedersehen würde. Aber sie wollte einfach aus dieser trostlosen Situation heraus. Und sie wollte ihren Vater wenigstens etwas getröstet wissen.

So verabschiedete sie sich aufrichtig herzlich von ihm und er nahm ihr das Versprechen ab, ihn von nun an öfter zu besuchen.

16

Sie beeilte sich so sehr zu Pfarrer Glockner zu kommen, dass sie nicht einmal auf die Uhr gesehen hatte. Es war 11 Uhr und natürlich musste sie davon ausgehen, dass der Geistliche nicht zuhause war. Schließlich hatte er einen Fulltime-Job und sie wusste, dass manche Pfarrer auch Religionsunterricht in der Schule gaben. Aber was für eine Wahl hatte sie? Also versuchte sie einfach ihr Glück, weil sie selbst – gemäß dem alten Sprichwort – ja dessen Schmied war.

Und tatsächlich, war er schon wenige Sekunden nach ihrem Klingeln an der Tür. Rover war noch schneller und machte mit lautem Gebell darauf aufmerksam, wer hier der eigentliche Türsteher war. Ein knappes „Aus!“ brachte ihn jedoch zum Schweigen und Johannes Glockner öffnete die Tür. Sein überraschter Gesichtsausdruck machte Marietta deutlich, dass die Wiedersehensfreude recht einseitig war. Natürlich erinnerte sich der Pfarrer nicht an sie, weil sie sich – in dieser Realität – noch nie begegnet waren.

Da sie mit der ganzen Problematik nun schon recht vertraut war, ging Marietta in die Offensive und streckte ihm die Hand entgegen.

„Marietta Helmig, Guten Tag Herr Pfarrer. Ich weiß, das hört sich jetzt etwas komisch an, aber ich würde mich gerne kurz mit Ihnen unterhalten. Hätten Sie ein paar Minuten Zeit für mich?“

Pfarrer Glockner erwiderte ihren Händedruck und lächelte sie mit seinem typischen Lausbubengrinsen an.

„Sie werden es vielleicht merkwürdig finden, aber tatsächlich habe ich diesen Satz durchaus schon ein-, zweimal in meinem Berufsleben gehört. Natürlich habe ich Zeit für Sie. Ist ja quasi mein Job, mich mit netten jungen Damen zu unterhalten. Okay, meistens sind die Damen dann doch etwas älteren Jahrgangs, aber ich nehme mir gerne Zeit für Sie."

Hätte der Tonfall nicht so freundlich gewirkt, hätte Marietta wohl gedacht, dass er es ironisch meinen würde. Aber sie kannte ihn nun schon und wusste, dass seine charmante Art nicht aufgesetzt war und dass er zwar sehr wohl die Kunst der Ironie beherrschte, aber diese niemals gegen einen ratsuchenden Menschen richten würde.

Mit einer einladenden Handbewegung bat er sie herein. Im Vorbeigehen begrüßte sie Rover und kraulte ihn kurz hinter den zotteligen Ohren. Dieses Mal führte er sie nicht ins obere Stockwerk, sondern in sein Büro, das sich gleich hinter der nächsten Tür auf der rechten Seite befand. Marietta fühlte sich sofort wohl, als sie den unaufgeräumten Schreibtisch sah. Er war aus dunklem Holz und bestimmt genauso antik wie die Möbel im Wohn- und Esszimmer.

Es schien, als hätte Pfarrer Glockner ein Faible für alte Möbel. Auf dem alten Tisch stand jedoch ein moderner Bildschirm und ein großes Telefon mit einem ausgesprochen stylischen Design. An einer Wand im Zimmer war ein ausladendes Regal über die ganze Breite platziert. Es beherbergte unzählige Bücher und auch wenn es wirklich ehrfurchterregend groß war, schien der Platz bei weitem nicht auszureichen. Überall lagen noch kleine Stapel mit Büchern,

Magazinen und Zeitungen auf dem Boden und auf Stühlen herum. Auf der Seite befand sich ein kleiner Besprechungstisch mit drei Stühlen, die ebenfalls mit Papier belegt waren.

Johannes Glockner musste erst einmal einen ganzen Papierturm von zwei Besucherstühlen nehmen, damit sie beide Platz nehmen konnten.

„Bitte entschuldigen Sie das Chaos hier. Ich bin kein allzu ordentlicher Mensch, was wohl recht schwer zu verbergen ist."

Verlegen blickte er um sich. Aber Marietta entgegnete:

„Tja, das Genie beherrscht das Chaos. Sie sollten erst einmal meinen Arbeitsplatz sehen. Machen Sie sich nur keine Gedanken, ich finde es immer sehr beruhigend, wenn ich Menschen treffe, die ein ähnliches Ordnungsverständnis haben wie ich."

Sie lächelte ihm ermutigend zu.

„Nun, das finde ich wiederum sehr beruhigend", lachte der Pfarrer und fuhr mit seiner Hand durch sein ohnehin schon recht zerzaust aussehendes, blondes Haar.

„Also was kann ich für Sie tun, Frau Helmig?" Er blickte Marietta direkt in die Augen, was bei ihr ein kleines, fast kaum spürbares Bauchkribbeln verursachte.

„Nun, Sie werden mich wahrscheinlich für verrückt halten, aber ich muss es Ihnen trotzdem erzählen. Ich kann mich sonst keinem anderen anvertrauen…",

„Natürlich fällt dieses Gespräch unter meine Schweigepflicht.", versicherte ihr der Pfarrer schnell. Wahrscheinlich dachte er, dass sie hier irgendwelche äußerst delikaten Sachverhalte zu beichten hatte.

Bei diesem Gedanken musste Marietta lachen und schaffte es gerade so, dies nicht laut zu tun.

„Ja, das weiß ich“, beruhigte sie seine Besorgnis „nur das, was ich ihnen gleich sagen werde, klingt einfach bloß verrückt.“

„Sie machen mich nun wirklich neugierig. Legen Sie los und ich sag Ihnen dann rechtzeitig Bescheid, bevor ich das psychiatrische Landeskrankenhaus informiere.“

Da war er wieder dieser Humor. Das machte es ihr um ein Vielfaches leichter. Mit ruhiger fester Stimme begann sie zu erzählen:

„Ich weiß, Sie glauben an Engel und es wird sie zwar nicht überraschen, dass mich einer davon in letzter Zeit gleich zwei mal aufgesucht hat, aber sie werden leicht verdutzt sein, wenn ich ihnen erzähle, dass wir uns auch schon zweimal begegnet sind und jeweils eine lange Unterhaltung miteinander hatten.“

Sie konnte es Johannes Glockner ansehen, dass er fieberhaft versuchte in seinem Gedächtnis nach einem Anlass zu stöbern, bei der er sich schon mal mit Marietta unterhalten hatte. Deshalb fuhr sie schnell fort:

„Sie können sich nicht mehr daran erinnern, weil es aus heutiger Sicht gar nicht passiert ist.“

Bingo. Jetzt hatte sie ihn wirklich verwirrt. Nun galt es, die Geschichte möglichst schnell zu erzählen, bevor er sich das mit der Psychiatrie doch nochmals ernsthaft überlegte.

„Mein Vater ist gestern… äh… vor zwei Tagen… naja… kürzlich verstorben. Er hatte eine kaputte Leber und es wurde für ihn kein Spender gefunden. Ich war sehr traurig und als Sie dann zum

Trauergespräch vorbeigekommen sind, haben Sie mir von Ihrer verstorbenen Frau erzählt und mich ermutigt, meine Gefühle Gott mitzuteilen. Und genau das habe ich dann abends auch getan. Ich habe Gott vorgeworfen, er hätte einen Fehler begangen und ihn angeklagt, dass er mir den Vater genommen hatte. Als ich danach eingeschlafen bin, ist mir ein Engel erschienen."

Sie beobachtete genau die Reaktion von Johannes Glockner, aber falls er überrascht war oder sie für irre hielt, verstand er das sehr gut zu verbergen. Also erzählte sie weiter:

„Er hat mich gefragt, ob ich denke, dass Gott einen Fehler gemacht hätte und genau das dachte ich. Und als ich dann am nächsten Tag aufgewacht bin, war alles wieder anders. Ich meine, mein Vater war noch am Leben und hatte am Tag davor – also an dem Tag, als er eigentlich gestorben war – eine Spenderleber erhalten. Allerdings war eben dieser Spender ein junger Familienvater. Der Mann einer alten Schulfreundin von mir, die ich zufällig im Krankenhaus getroffen habe. Mein Vater war Christ und mit Ihnen recht gut befreundet. Weil ich Sie um einen Rat bitten wollte, kam ich zu Ihnen. Sie haben mir dann erklärt, dass er eigentlich gar keine Transplantation haben wollte und sich sogar eher auf den Tod gefreut hat. Aber er hatte sich mir und meiner Mutter zuliebe darauf eingelassen.

Ich fühlte mich schuldig am Tod des Spenders und habe erneut zu Gott gebetet. In dieser Nacht habe ich dann wiederum Besuch von dem Engel erhalten und ihm erklärt, dass eine Spenderleber nicht notwendig gewesen wäre, wenn mein Vater vor Jahren nicht diesen schrecklichen Autounfall gehabt und dabei einen seiner Schüler getötet hätte. Dann wäre er nicht dem Alkohol verfallen und seine Leber wäre nicht kaputt gegangen. Er hätte also gar keine Spenderleber gebraucht.

Und wissen Sie was? Am nächsten Morgen – also heute – hatte sich die Realität wieder verändert. Der Unfall hatte nie stattgefunden, aber stattdessen war dieser besagte Schüler von ihm an seiner Schule zum Amokläufer geworden. Mein Vater ist dabei verletzt worden und hat in der Therapie eine andere Frau kennengelernt. Er hat meine Mutter verlassen und wohnt nun mit seiner ehemaligen Kollegin zusammen. Meine Mutter ist eine gebrochene, verbitterte Frau, aber er ist körperlich kerngesund. Ich habe ihn vorhin besucht. Dennoch spürte ich, dass er keinen inneren Frieden hat. Ich fand heraus, dass er sich nun der veganen Lebensweise und fernöstlichen Praktiken verschrieben hat. Er ist kein Christ und fürchtet sich schrecklich vor Tod und Sterben. Ganz anders als früher. Ich erkannte ihn kaum wieder. Und nun habe ich das Gefühl, wieder etwas vermurkst zu haben. Und dieses Mal sieht es richtig schlimm aus. Da mein Vater nie Alkoholiker war, hat er auch nie eine Therapie gemacht und ist dementsprechend niemals jenem Therapeuten begegnet, der ihn zum christlichen Glauben geführt hatte. Pfarrer Glockner, was wäre, wenn mein Vater jetzt sterben müsste?"

Sie sah ihn mit sorgenvollem Blick an. Der junge Pfarrer überlegte einen verhältnismäßig langen Moment, was für ihn völlig untypisch war. Dann antwortete er:

„Ich bin mir sicher, dass Gott ein absolut gerechter und guter Gott ist. Er will nicht einen Menschen verlieren. Und so wird er nichts unversucht lassen, Ihren Vater zu erreichen. Aber im Moment sieht es leider so aus, als ob Ihr Vater geistlich tot ist. Das heißt, er hat das große Geschenk von Jesus noch nicht angenommen. Und das bedeutet letzten Endes, dass er – wenn er denn jetzt sterben würde – allein auf seine eigenen Werke gestellt wäre. Ihr Vater ist sicherlich kein schlechter Mensch aber selbst der beste Mensch der Welt könnte die Maßstäbe Gottes nicht erfüllen und in den Himmel kommen. Denn jeder von uns hat schon mal etwas getan, was Gott als Sünde bezeichnet. Und weil Gott absolut gerecht ist, muss er alle Sünden gleichsam mit dem Tod bestrafen. Aber da Jesus diese Todesstrafe bereits stellvertretend für uns erhalten hat, kann Gott gleichzeitig auch barmherzig sein und uns unvollkommenen Menschen direkten Zugang zu ihm geben. Das setzt jedoch immer voraus, dass ein Mensch Jesus auch bewusst erlaubt, dass dieser mit seinem Kreuzestod die eigene Stelle einnimmt und alle Sünden quasi von der Rechnung streicht. Und dass man ihm das auch glaubt. Also an ihn glaubt.

Das Wort ‚Glaube' heißt aus dem griechischen übersetzt einfach nur ‚Vertrauen' oder ‚Treue'. Wir müssen Gott vertrauen, dass er das, was er uns versprochen hat, auch selbst zur Realität gemacht hat. In der Bibel wird Gott als der bezeichnet, der das ‚Nichtseiende' ins ‚Sein' ruft. Und Ihre Erlebnisse belegen doch genau dieses."

Marietta musste das Gehörte erst einmal sacken lassen. Zum einen hatte ihr Pfarrer Glockner gerade auf eine nette und einfühlsame Art beigebracht, dass ihr Vater momentan keinerlei Chance auf den Himmel hatte und auf der anderen Seite hatte er ihr gerade erklärt, dass das Unwahrscheinliche, was sie erlebt hatte einfach nur typisch für Gott war. Und Johannes Glockner glaubte, nein vertraute, seinem Gott. Deswegen war er auch nicht im Geringsten überrascht von ihrer Geschichte, auch wenn sie dieses Mal noch ein ganzes Stück abgefahrener war, als beim letzten Mal.

Sie war tief beeindruckt von diesem Menschen. Wieder spürte sie diese seltsame Vertrautheit und freute sich, dass sie den Mut gehabt hatte, herzukommen. Gerne wäre sie auch noch geblieben, aber es war schon weit nach 12 Uhr und der Pfarrer musste sicherlich auch mal was essen. Sie hatte ihn schon lange genug aufgehalten und sie war sich sicher, irgendwann würden sie sich sowieso wieder begegnen. Sie verabschiedete sich und verließ das Pfarrhaus.

17

Erst als sie die Autotür hinter sich zugemacht hatte, bemerkte Marietta, dass sie schrecklichen Hunger hatte. Irgendwie hatte sie heute ja auch noch nichts zu sich genommen. Das magnetisierte Wasser ihres Vaters hatte eben genausowenig Sättigungswirkung wie Geschmack gehabt. Und wahrscheinlich hatte sie das Bauchkribbeln bei Pfarrer Glockner einfach nur falsch interpretiert. In Wahrheit war es wohl doch eher ein ultrakräftiges Magenknurren.

Sie überlegte, was sie denn nun essen wollte und schwankte zwischen einem Snack bei irgendeinem Bäcker und einem richtig ungesunden Burger-Menü. Die Ausgangssituation für beide Alternativen war wirklich sehr ungleich verteilt und so entschied sich Marietta gegen ein trockenes Schinken-Käse-Croissant und für das komplette, warme Monatsangebot einer bekannten Fastfoodkette. Auch wenn es ernährungwissenschaftlich wahrscheinlich kaum belegbar war, fühlte sich Marietta nach dem Genuss von Junk-Food immer irgendwie entspannter, ja glücklicher, wenn sie nervlich stark angespannt war. Und angespannt war in diesem akuten Fall eine Untertreibung, als würde sie das Burj Khalifa als ‚Hochhaus' bezeichnen. Und so nahm sie das Tablett mit ihrem Burger, den Pommes und der Limonade und setzte sich an eines der leeren Tischchen.

Während sie den kalorienmäßigen Super-GAU genoss, überlegte sie ihre nächsten Schritte. Wie sollte sie den heutigen Tag einordnen? Hatte sich die Realität tatsächlich verbessert? Okay, ihr Vater war sowohl am Leben, als auch bei scheinbar bester Gesundheit – zumindest was seine Physis anging. Aber ihre Mutter? Gut, sie hatte heute nicht viel Zeit mit ihr verbracht, aber die Tatsache, dass sie gezwungen war zu arbeiten, die Möbel in der Wohnung und die Worte in ihrem Tagebuch ließen darauf schließen, dass sie sich – gelinde ausgedrückt – in keiner guten Verfassung befand. Und dieser Blick, den sie Marietta zugeworfen hatte, als sie ihren Vater erwähnte. So viel Schmerz, Hass und Verbitterung lag darin, dass ihn Marietta wohl nie mehr vergessen konnte. Wenn sie die psychische Grunderkrankung ihrer Mutter berücksichtigte, war es keine analytische Meisterleistung zu erkennen, dass es ihr einfach grottenschlecht ging. Bislang war es nicht gerade ein Quantensprung im Vergleich zu gestern (Marietta hatte immer noch Schwierigkeiten, die unterschiedlichen Varianten desselben Tages zeitlich einzuordnen).

Was sie allerdings noch nicht zu beurteilen vermochte, war die Verbesserung der Lage von Hildegard und Jana-Joy. War Bernhard Ströher am Leben? Pfarrer Glockner hatte ja eingeworfen, dass er nicht zwingenderweise wegen des Organbedarfs ihres Vaters gestorben sein musste. Vielleicht war seine Zeit einfach abgelaufen gewesen und Marietta hatte sich völlig umsonst mit ihren Vorwürfen herumgeplagt? Auf der anderen Seite hatte es bei Ratsiel nicht so geklungen, als wäre Bernhard Ströher in jedem Fall gestorben.

Das Gedankenkarussell in Mariettas Kopf drehte sich immer schneller und ihr fiel nur eine Möglichkeit ein, es zu stoppen: Sie musste herausfinden, was Sache war. Und dazu würde sie ihrer alten Schulfreundin wohl einen kleinen Besuch abstatten müssen.

18

Es war kein Problem gewesen, die Adresse von Hildegard und Bernhard Ströher herauszufinden. Sie wohnten in einem familienfreundlichen Vorort der Stadt und dank des Navigationssystems auf Mariettas Smartphone, fand sie das Haus auch auf Anhieb.

Es war ein nettes, kleines Häuschen – vermutlich aus den 30ern, das liebevoll renoviert worden war. Das Walmdach war mit knallroten Biberschwanz-Dachplatten gedeckt, was farblich einwandfrei zu den rotgestrichenen Fensterläden passte. Das Haus stand auf einem verhältnismäßig großen Grundstück, das mit einem roten Lattenzaun umgeben war. Im Vorgarten standen eine Schaukel und ein hölzerner Sandkasten. Es war weithin sichtbar, dass hier eine Familie wohnte. Der Garten war sehr gepflegt und voller Pflanzen. Aber auf eine schöne, natürliche Art und Weise, nicht so durchgestylt und gekünstelt, wie man es heutzutage oft an vielen Neubauten sehen konnte. Es wirkte sehr heimelig und passte perfekt zu Hildegard. Schon von außen war dem Haus anzusehen, dass es das perfekte Familienheim war.

Marietta parkte ihren Wagen auf der gegenüberliegenden Straßenseite. Als sie ausstieg und sich dem Haus näherte, sah sie Jana-Joy in der gepflasterten Hofeinfahrt mit Straßenkreide auf den Boden malen. Sie wirkte glücklich und zufrieden in sich selbst versunken. Das stimmte Marietta zuversichtlich. Es sah nicht aus, als hätte die Kleine gerade ihren Vater verloren.

Mutig schritt sie auf die Vierjährige zu und grüßte sie freundlich:

„Hallo Jana-Joy, ist deine Mutter zuhause?".

Das Mädchen fuhr ein wenig erschrocken zusammen, aber hatte sich gleich wieder gefangen und lächelte Marietta offen an:

„Ja, Mami ist drinnen. Wer bist denn du?"

Definitiv war das nicht die verschüchterte Kleine, der Marietta im Krankenhaus begegnet war. Sie ging in die Hocke, um auf Augenhöhe des Kindes zu sein, als sie antwortete:

„Ich bin Marietta und bin früher mit deiner Mama zur Schule gegangen."

Diese Antwort schien Jana-Joy zufrieden zu stellen. Sie wandte sich von der Besucherin ab und erneut ihrer künstlerischen Arbeit zu.

Marietta ging zur Haustür, die mit einem großen Weidekranz und einem ‚Herzlich Willkommen'-Schild geschmückt war. Sie klingelte, während ihr Herz anscheinend versuchte, einen neuen Hochsprung-Weltrekord aufzustellen. Schnell war Hildegard an der Tür und öffnete sie beherzt. Marietta war hier im Vorteil: Sie hatte ihre alte Schulfreundin ja erst kürzlich gesehen, aber bei Hildegard war dies nun schon Jahre her. Dennoch brauchte sie nur eine Zehntelsekunde, um zu erkennen, wer da vor ihr stand.

„Marietta, das ist aber eine schöne Überraschung."

Sie schien es wirklich ganz ehrlich zu meinen. Umgekehrt wüsste Marietta nicht, wie sie reagiert hätte, aber sie war erleichtert, ob des freundlichen Empfangs. Sie grüßte zurück:

„Hallo Hildegard, ich war gerade in der Nähe und da dachte ich, schaust mal, ob Hildi zuhause ist.“

Das war natürlich ein wenig übertrieben, denn zum einen wohnte Hildegard eigentlich so nah, dass Marietta selbst in ihren eigenen vier Wänden in ihrer Nähe war und zum anderen hatte sie sich die letzten Jahre auch nicht dafür interessiert, was Hildegard machte. Dennoch fiel ihr einfach keine bessere Begründung ein. Sie konnte ja schlecht sagen: „Hallo Hildegard, ich bin heute mal hergefahren, um zu sehen, ob dein Mann gestern gestorben ist.“

Hildegard schien ihre Erklärung nicht zu hinterfragen und bat Marietta herein. Sie führte sie in ihr gemütliches Esszimmer, das mit einem runden Tisch aus Kiefernholz und vier massiven Stühlen bestückt war. Auf Kiefernholz hätte Marietta blind gewettet. Es war einfach so typisch für diesen Landhausstil und es gefiel ihr. Ein Hochstuhl stand ebenfalls am Tisch und markierte das Revier von Jana-Joy. Das Esszimmer war zum Wohnzimmer hin offen und in einer Ecke war eine hölzerne Spielküche sowie ein großer Weidenkorb mit unzähligen Spielsachen. Hier wurde jedem Besucher sofort klar, dass ein Kind im Haus wohnte. Genauso sollte es Mariettas Meinung nach auch sein. Sie fand es traurig, wenn man einem Haus nicht ansah, dass sich Kinder darin befanden. Auch an den vielen gebastelten Sachen und selbstgemalten Bilder, die im ganzen Wohnraum verteilt waren, war Jana-Joys Handschrift deutlich zu erkennen.

Hildegard bot Marietta einen Kaffee an, was diese dankbar annahm. Schließlich hatte sie den ganzen Tag noch kein Milligramm Koffein zu sich genommen und als militante Kaffeetrinkerin hätte das schon zu ernsthaften Entzugserscheinugen führen können.

Marietta war inzwischen sicher, dass es Bernhard Ströher gut gehen würde. Hildegard wirkte einfach zu entspannt und ihre Augen waren derart ring- und knitterfrei, als hätte sie die letzten Jahre nicht mehr geweint. Und so entspannte sich auch Marietta. Hildegard servierte den Kaffee und stellte noch ein paar selbstgebackene Muffins dazu. Sie war die Art von Hausfrau, die für überraschenden Besuch immer irgendetwas Selbstgebackenes im Haus hatte. Und auch wenn ihr Kalorienkonto wahrscheinlich schon im fünfstelligen Bereich lag, griff Marietta gerne zu.

„Also Marietta, wir haben uns ja schon ewig nicht mehr gesehen. Umso mehr freut es mich, dass du dich noch an mich erinnerst. Bei den letzten Klassentreffen hast du dich ja ganz schön rar gemacht. Wie geht's dir denn? Gut siehst du jedenfalls aus."

Marietta freute sich über das Kompliment, wenngleich sie dieses wohl eher in die Rubrik ‚Höflichkeit' packte. Denn nach den turbulenten Erlebnissen in letzter Zeit, wirkte sie aller Wahrscheinlichkeit nach, alles andere als gutaussehend. In der Tat hatte Hildegard einen Punkt angesprochen, der Marietta bislang noch gar nicht wirklich bewusst gewesen war: Zum Ende ihrer Schulzeit hatten die beiden gar keine wirklich enge Verbindung gehabt. Während Hildegard eher zu den folg- und strebsamen Schülern zählte, trieb sich Marietta dann doch mehr mit den wilderen Klassenkameraden herum. Wäre sie Hildegard nicht unlängst im Krankenhaus begegnet, hätte sie sich wahrscheinlich wirklich nicht mehr an ihre Existenz erinnert. Sie wurde etwas verlegen und erklärte:

„Naja, weisst du, die Klassentreffen sind doch wohl eher etwas für diejenigen mit Partner und Familie. Ich als erfolgloser Dauer-Single fühlte mich da immer fehl am Platz und bin eben zum Schluss gar nicht mehr hingegangen. Was hatte ich schon beizutragen, wenn ihr eure Fotos von Mann und Kindern vorgezeigt habt? Und irgendwie kann ich mich auch alleine zuhause wie ein Versager fühlen."

Marietta grinste, um zu zeigen, dass die Verzweiflung nicht ganz so groß war, wie sie sich vielleicht für einen Außenstehenden anhörte – vor allem wenn er keinen Sinn für Ironie hatte. Doch Hildegard entgegnete:

„Aber Marietta, du hast doch einen Superjob und bist total erfolgreich. Du ahnst nicht, wie viele darauf neidisch sind. Vor allem, wenn sie – wie ich – nur eine einfache Hausfrau und Mutter sind. Beruflich habe ich es nicht gerade weit gebracht. Bernhard, mein Mann ist selbständig und hat eine kleine Praxis für Ergotherapie. Ich unterstütze ihn so gut ich kann bei den Abrechnungen, aber als gelernte Diätassistentin liegt mir dieses Buchführungszeug nicht wirklich. Ich habe meinen Beruf schon lange aufgegeben und hätte es wohl schwer zurückzukehren. Ganz ehrlich, wenn meinem Mann was zustoßen würde, stände ich ganz schön blöd da. Aber du bestreitest dein Leben völlig eigenständig. Bist niemandem Rechenschaft schuldig. Eine starke, unabhängige Frau."

Hildegards Lobeshymnen waren Marietta gleich in mehrfacher Hinsicht peinlich. Sie wusste nicht, woher Hildegard ihre Informationen bezüglich dem konkreten Stand ihrer beruflichen Karriere hatte, aber die Attribute ‚Superjob' und ‚total erfolgreich' fielen dann doch eher in den Bereich ‚Fantasy'. Und dass Hildegard so ganz nebenbei erwähnte, sie wäre ohne ihren Mann total aufgeschmissen, machte natürlich den eigentlichen Grund ihres Besuches noch einmal recht unangenehm deutlich. Sie konterte:

„Ach Hildi, schau dich doch mal um: Du hast ein wunderschönes Haus, eine tolle Tochter und einen netten Ehemann… auch wenn ich ihn nicht kenne… aber ein Blinder kann sehen, wie glücklich du bist."

„Ich beschwer mich ja auch nicht", lachte Hildegard „Ich meine nur, dass du dich vor niemandem verstecken musst. Jana-Joy, meine Tochter hast du ja draußen schon kennengelernt und wenn du magst, stell ich dir meinen Mann gerne vor. Dann kannst du überprüfen, ob er wirklich so nett ist, wie du ihn einschätzt."

Diese Ankündigung war Marietta nun wirklich ziemlich unangenehm, aber noch ehe sie protestieren konnte, rief Hildegard ihren Mann, der heute einen Büronachmittag eingelegt hatte.

Er schien recht sportlich zu sein, denn in rekordverdächtiger Zeit tauchte er auch schon im Wohnzimmer auf. Da alles so schnell ging, hatte Marietta überhaupt keine Zeit, in irgendeiner Form zu reagieren. Bernhard Ströher war ein großer, schlanker Mann mit dunklen Locken, die an den Schläfen schon etwas ergraut waren. Nicht unattraktiv, das jedenfalls konnte Marietta vom äußeren Erscheinungsbild schon einmal sagen. Es war schon merkwürdig, diesem Mann gegenüberzustehen. Er hatte nicht den Hauch einer Ahnung, dass er eigentlich gestern hätte sterben können. Aber wenn sie es sich genau überlegte, ging das ja jedem so. Theoretisch könnte für jeden Menschen der Tod gerade um die nächste Ecke lauern.

Marietta wurde ihm als Hildegards alte Schulfreundin vorgestellt und er wirkte äußerst sympathisch auf sie, als er ihr sogleich die Hand zur Begrüßung hinstreckte:

„Hallo Marietta, freut mich dich kennenzulernen. Ich bin Bernhard."

Marietta erwiderte, die Freude wäre ganz auf ihrer Seite und fragte höflich – aber unauffällig – nach seinem Befinden. Ihm ginge es gut, versicherte er und das glaubte Marietta ihm auch aufs Wort, sah er doch äußerst gesund aus. Er wirkte keinesfalls wie ein Schlaganfallgefährdeter. Um das Thema weg von der Gesundheitsfrage zu lenken sagte Marietta:

„Schön habt ihr es hier. Gehört euch das Haus oder lebt ihr hier zur Miete?"

„Naja", entgegnete Bernhard mit einem breitem Grinsen, das seine makellosen, weißen Zähne frei gab, „momentan gehört es immer noch der Bank, aber langfristig streben wir eine freundliche Übernahme an."

Hildegard boxte ihn scherzhaft in die Seite.

„Du Spaßvogel." Und dann wandte sie sich an Marietta:

„Das Haus gehörte früher Bernhards Eltern. Die sind vor

ungefähr vier Jahren wegen des Klimas nach Mallorca ausgewandert und haben es uns zum Vorzugspreis überlassen. Natürlich mussten wir noch viel Arbeit hineinstecken, aber jetzt sind wir sogar mit dem Garten fertig."

Marietta nickte anerkennend:

„Die Arbeit hat sich auf jeden Fall gelohnt. Es ist wunderschön geworden."

Bernhard verabschiedete sich dann auch wieder in sein Büro, weil dort „eine kleine Gebirgskette aus Papierstapel" auf ihn wartete. Kaum war er draußen, urteilte Marietta:

„Er ist wirklich ein sehr netter Mann. Du kannst dich glücklich schätzen."

Ein stolzes Lächeln huschte Hildegard über das Gesicht, aber sie war viel zu bescheiden, um dies zu kommentieren. Stattdessen sagte sie:

„Glücklich bin ich vor allem, weil wir noch ein Baby kriegen."

Sie strich über ihren gewölbten Bauch, der Marietta bislang durch das weite, graue Sweatshirt mit dem Minnie-Mouse-Aufdruck verborgen geblieben war. Nicht, dass sie es nicht schon gewusst hätte. Aber sie tat natürlich überrascht und betonte, dass sie sich sehr für die ganze Familie freute. Und das entsprach auch der vollen Wahrheit. Sie war unglaublich froh, dieses traute Familienglück erleben zu dürfen. Vor allem, weil sie wusste, welcher Katastrophe die drei nur knapp entgangen sind. Und wer dafür letzlich verantwortlich gewesen wäre.

Die beiden Schulfreundinnen schwelgten noch ein wenig in Erinnerungen. Komisch, wie die Schulzeit nach einigen Jahren gesundem Abstand plötzlich völlig verklärt gesehen wurde. Sie tauschten ihr Wissen über gemeinsame Mitschüler aus und kamen auf die ganz alten Geschichten über Schulstreiche und erste Schwärmereien zu sprechen. Es belustigte Marietta zu hören, dass der von ihr so verehrte Dietmar (der ihre aufrichtige Liebe aber nicht zu schätzen wusste und gar mit Füßen trat, als er sie rüde auf einer Klassenfahrt abwies) sich heute als Alleinunterhalter auf Ü60-Parties spezialisiert hatte.

Manchmal konnte man auch einfach nur froh sein, wenn einem das Schicksal etwas erspart hatte.

Sie erfuhr, wie Hildegard und Bernhard sich auf einer Bibelschule kennengelernt hatten und sofort danach beschlossen hatten, den Rest ihres Lebens gemeinsam zu verbringen. Überhaupt hatte der christliche Glaube einen festen Platz in ihrem Leben. Das bewiesen nicht zuletzt die Gemälde, die Sprüchekarten und ein großes Holzkreuz im Wohnzimmer. Bernhard war im Kirchengemeinderat seiner Gemeinde aktiv und beide engagierten sich ehrenamtlich in der Familienarbeit. Marietta war beeindruckt. Sie spürte es Hildegard ab, dass ihr Glaube echt war. Das war vielleicht auch einer der Hauptgründe dafür, dass sie sich in diesem Haus derart wohl fühlte. Diese Wärme, die das Ehepaar Ströher ausstrahlte, war vergleichbar mit der Wirkung von Pfarrer Glockner.

Die Zeit verging wie im Flug und Hildegard und ihr Mann bestanden letztlich darauf, dass Marietta zum Abendessen blieb. Dieses Angebot nahm sie nur zu gerne an. Sie wollte einfach noch nicht zurück in ihr trostloses Zuhause. Und schon gar nicht wollte sie ihrer Mutter über den Weg laufen. War sie doch schuld an deren schrecklicher Situation.

Auch wenn er sich noch nicht so wirklich in ihrem Kopf manifestiert hatte, ihr Plan war es, erst nach Hause zu kommen, wenn ihre Mutter bereits im Bett war. Natürlich war ihr klar, dass sie den Ströhers nicht so lange zur Last fallen konnte, aber da ihre Mutter im Allgemeinen recht früh zu Bett ging, würde sie einfach noch ein wenig sinnlos mit dem Auto umherfahren und versuchen, ihre Gedanken einen geordneten Weg zuzuweisen.

Nach einem leckeren, herzhaften Vesper verabschiedete sich Marietta von ihren netten Gastgebern und versprach, den Besuch bei der nächsten Gelegenheit zu wiederholen. Auf keinen Fall sollten weitere Jahre ins Land gehen, bis sie sich wiedersehen würden. Das nahm sich Marietta fest vor, bevor sie in ihr Auto einstieg und auf den verschiedensten Umwegen nach Hause fuhr.

19

Es war bereits kurz nach neun Uhr, als sie ihr Auto in der Einfahrt abstellte. Die Rolläden an der Wohnung ihrer Mutter waren bereits zu und ließen darauf schließen, dass sie sich bereits im Bett befand. Zumindest war das ein Signal für Marietta, dass sie in ihre Einliegerwohnung gehen konnte, ohne Gefahr zu laufen, ihrer Mutter über den Weg zu laufen.

Sie hatte nachgedacht. Jede Menge sogar. Und wenn es einen Entschluss in ihrem Leben gab, den sie je von ganzem Herzen gefasst hatte, dann der, dass sie Gott um Verzeihung bitten musste. Es war ein großer Fehler gewesen zu glauben, dass sie am besten wusste, was gut für sie und ihre Eltern war.

Sie hatte jetzt verstanden. All das, was sie vielleicht schon einmal gehört hatte, was ihr Vater vergeblich versucht hatte ihr zu erklären, ja sogar das, was Pfarrer Glockner ihr in den vielen Gesprächen verdeutlichen wollte. Sie konnte es jetzt *fühlen*. Es war nicht nur intellektuell in ihrem Gehirn angekommen. Es war fest in ihrer Seele verankert. Und so blieb ihr nur eines zu tun: Sie musste mit Gott reden. Sie wollte mit ihm reden. Sie wollte beten:

„Lieber Gott, Papa… ich darf doch Papa zu dir sagen? Ich schäme mich sehr, weil ich dachte, du hättest einen Fehler begangen, als mein Vater gestorben ist. Ich war ziemlich blind, ignorant und arrogant. Ich dachte, dass ich besser weiß, was das Beste für meine Familie und für mich ist. Jetzt habe ich kapiert, dass ich gar nichts wusste und eigentlich auch gar nicht viel weiß. Ich danke dir, dass du mir die Augen dafür geöffnet hast. Auch dass du mir Ratsiel gesandt hast und mir unmissverständlich klar gemacht hast, dass du der Allmächtige bist. Du hast das ganze Universum geschaffen und ich kann kaum verstehen, dass du dich überhaupt für mich interessierst… dass du dich für jeden einzelnen Menschen interessierst. Ich sehe nun, dass du einen Plan für jeden Menschen hast. Einen großen Plan… ja, einen Masterplan, der alles miteinander verbindet. Du allein hast den Überblick, alle verstrickten und ineinander verwobenen Schicksale der Menschen so zu lenken, dass dein Plan aufgeht. Wie das funktioniert? Keine Ahnung. Dazu reicht mein begrenzter Verstand nicht aus, Aber ich habe nun kapiert, dass ich dir vertrauen kann. Dass ich dir vertrauen will.

Du hast alles bereits vor langer Zeit vorbereitet. Du wolltest, dass ich zu dir komme… dass ich… deine Liebe entdecke. Ich gebe zu, es verletzt meinen Stolz, dass ich dir gegenüber so überhaupt nichts vorzuweisen habe. Ich würde ja gerne mit großen Taten glänzen, aber ich merke, dass ich das nicht kann. Da ist nichts. Nichts, was von wirklichem Wert wäre. Ich bin total dankbar, dass du mich trotzdem so sehr liebst, dass du deinen Sohn, Jesus Christus, für meine Fehler bestraft hast. Das ist schon ein Hammer: Ich meine, er war dein Sohn. Er war total unschuldig… er war… vollkommen. Und nur wegen mir… aus Liebe zu mir, wurde er auf bestialische Weise hingerichtet. Das fällt mir schwer zu begreifen, aber ich möchte dieses großartige Geschenk für mich in Anspruch nehmen. Ich möchte dich, Jesus Christus, als meinen Herrn anerkennen. Du bist für mich gestorben, damit ich leben kann. Ich habe gesehen, wie du meinen Vater und meine Mutter verändert hast. Auch wenn mein Vater körperlich sterben muss, wird er ewig leben. Das ist mir nun klar. Und ich danke dir.

Jetzt bitte ich dich, himmlischer Vater, bitte mach meinen Fehler wieder gut. Bitte lass diesen Tag zu Ende gehen und mach ihn morgen ungeschehen. Ich weiß jetzt, dass dein Plan richtig war.

Lass meine Mutter nicht als verbitterte, geschiedene Frau zurück. Lass meinen Vater nicht in einem unglücklichen Leben ohne dich leben. Und lass die Familie Ströher ihr junges Glück genießen. Sie gehören zu dir und sie strahlen das mit jeder Faser ihres Körpers aus. Bernhard muss weiterleben. Er ist ein liebender Ehemann und fürsorglicher Vater. Ich bitte dich um Verzeihung, dass ich dafür verantwortlich war, dass er sterben musste. Auch wenn er direkt zu dir in den Himmel gekommen ist, braucht ihn seine Familie viel mehr, als ich meinen Vater brauche. Ich liebe meinen Vater von ganzem Herzen und ich habe gesehen, dass er sich so danach sehnte, dir endlich gegenüberzustehen. Ein ewiges Leben in deiner Gegenwart zu führen. Ohne Schmerzen. So sehr ich ihn vermisse, ich will nicht so egoistisch sein und ihm im Weg stehen. Wer bin ich, dass ich ihm diesen Wunsch verwehren könnte?

Ich weiß, dass du meiner Mutter und mir beistehen wirst. Wenn ich meinen irdischen Vater verliere, werde ich dennoch kein Waisenkind sein. Ich werde dein Kind sein. Danke dafür. AMEN."

Sie wusste nicht, wie lange das Gebet gedauert hatte. Aber es war tiefdunkel draußen. Sie war müde, erschöpft und satt. Sie hatte heute wieder sehr viel gegessen. Aber das war typisch für sie: Je stressiger ihr Leben war, desto mehr musste sie essen. Es war als würde durch den Kaumechanismus eine Art Betäubung ihrer Nerven einsetzen. Ähnlich einem Kind, das an seinem Schnuller nuckelt. Nur dass Schnullernuckeln für gewöhnlich keinerlei Spuren auf der Hüfte hinterlässt. Der heutige Tag hatte sie definitiv geschafft. Sie zog ihren Snoopy-Schlafanzug an und kuschelte sich unter ihre Bettdecke. Es war Zeit schlafen zu gehen.

Trotz aller Erschöpfung und Müdigkeit fand sie nur schwer in den Schlaf. Sie rechnete fest damit, dass Ratsiel diese Nacht wieder auftauchen würde und sie ihm auch noch einmal sagen konnte, wie falsch sie lag. Sie hoffte inständig, dass Gott ihre Gebete erhören und den heutigen Tag rückgängig machen würde. Das alles wollte sie dem Engel sagen, wenn er sie heute Nacht besuchen würde.

Immer wieder wachte sie auf und blickte ängstlich auf die Uhr. Keine Spur von Ratsiel. Nicht um 2 Uhr, nicht um 3 Uhr und auch um 4 Uhr war er noch nirgends zu erahnen. Irgendwann musste sie ihrer körperlichen Erschöpfung dann wohl doch Tribut zollen und schlief tief und fest ein.

20

Das nächste, das sie bewusst wahrnahm, war dieses elende Pipsen ihres dämlichen Weckers. Der erste Gedanke, der ihr durch den Kopf ging war: *NEIN. Das durfte doch nicht wahr sein.*

Dieses NEIN manifestierte sich in ihren Gedanken und breitete sich über ihren ganzen Körper bis in die kleinste Körperzelle aus.

Er war nicht gekommen. Ratsiel, der Engel hatte sie heute Nacht nicht mehr aufgesucht. Panik stieg in ihr auf. Sie spürte, wie ihr Herz schneller schlug und sie fieberhaft überlegte, was das nun bedeutete. Wenn Ratsiel nicht gekommen war, um mit ihr über den gestrigen Tag zu reden, war dann heute nicht gestern bzw. heute morgen?

Die Benennung der Zeitformen brachte sie total durcheinander. Aber was sie eigentlich befürchtete war, dass sie nun in der gestrigen Realität weiterleben musste? Sie musste es herausfinden. Aber wie? Sie sprang aus ihrem Bett, als hätte ihre Matratze soeben Feuer gefangen. Sie ging in ihr Wohnzimmer und schaltete den Fernseher ein. Es war kurz nach 8 Uhr und in vielen Programmen lief das sogenannte Frühstücksfernsehen. Aber da die Nachrichten schon vorbei waren, war dort nur die Uhrzeit eingeblendet. Sie startete den Teletext und da sah sie es: 7. Mai. Ihr wurde schlecht. Zum Glück stand sie vor ihrer Couch. Sie ließ sich einfach fallen. Sackte in sich zusammen. Und was jetzt? Nachdem sie nun dreimal den 6. Mai auf unterschiedlichste Art und Weise durchlebt hatte, war sie nun in der miesesten aller Varianten hängen geblieben.

Sie hatte so sehr gehofft, dass ihr Gott nochmal eine Chance geben würde, nachdem sie erkannt hatte, wie falsch sie lag. Aber Pustekuchen. Was hatte Johannes Glockner gesagt? Gott ist viel zu groß, um ihn in unsere Logik zu pressen. Ja, sie hatte tatsächlich gedacht, dass es nach einem Schema ablaufen würde. Sie betete, er sandte seinen Engel und am nächsten Tag hat sich die Realität verändert. Aber so einfach war es nicht. Gott war kein Flaschengeist, der Wünsche erfüllte, nachdem man an der Flasche gerieben hat. Was hatte sie sich auch gedacht? Sie schämte sich, dass sie den großen, allmächtigen Gott, den Schöpfer des gesamten Universums hatte manipulieren wollen. Sie bat innerlich dafür um Vergebung.

Das Gute an dieser Realität war, dass Bernhard Ströher am Leben war. Soviel war schon mal sicher. Und Pfarrer Glockner würde sich an sie erinnern. Sie mussten nicht wieder von vorne anfangen. Langsam war sie sich schon vorgekommen, wie in diesem einen Film, bei dem der Hauptdarsteller eine Frau kennenlernt, die jede Nacht ihr Gedächtnis verliert und glaubt, immer wieder denselben Tag zu erleben. Er bemüht sich unwahrscheinlich, dass sie ihn mag, aber am nächsten Tag erinnert sie sich nicht mehr an ihn. Genauso war es ihr mit Pfarrer Glockner ergangen. Während sie ihn immer besser kennenlernte und – zugegeben – auch immer mehr mochte, war sie immer wieder nur eine Fremde für ihn gewesen. Wenigstens konnte sie nun an ihr Gespräch von gestern anknüpfen.

Sie versuchte das Positive an ihrer Situation zu sehen. Das lag in ihrer Natur. Sie war noch nie eine Pessimistin gewesen. Sarkastisch ja, aber mit einer positiven Grundhaltung. Und so nahm sie sich vor, die Situation von ihrem Vater und ihrer Mutter zu verbessern. Ihr Vater hatte keinen christlichen Therapeuten gehabt und war deshalb noch nicht zum Glauben gekommen. Na und? Sie würde ihm von Jesus erzählen. Nun war sie an der Reihe. Er hatte jahrelang dafür gebetet, dass sie zum Glauben fand. Nun konnte sie sich revanchieren. Und wenn sich ihre Mutter von Robert hatte ‚anstecken' lassen, warum sollte Marietta sie nicht ‚infizieren' können.

Sie beruhigte sich. Ja, so schlimm war das Ganze nun auch wieder nicht. Noch war nichts verloren. Und sie erinnerte sich daran, was sie gestern gebetet hatte: Sie wollte Gott von ganzem Herzen vertauen. Wenn das sein Plan für sie war, dann wollte sie glauben, dass es ein guter Plan war. Sie lächelte und fühlte einen großen, inneren Frieden.

Plötzlich meldete sich ihr Handy zu Wort. Ihr Klingelton war ein Song ihrer Lieblingsband und begann mit einem harten Gitarrenriff. Sie zuckte zusammen. War es doch nun mit der Ruhe vorbei. Sie blickte auf das Display und sah, dass es ihre Kollegin Elke war. Mann, das hatte sie ja total verdrängt. Die Messepräsentation. Sie war gestern am Telefon sehr schroff gewesen. Das tat ihr nun leid. Sie meldete sich:

„Hallo Elke."

Am anderen Ende war eine sehr bedrückte Stimme zu hören.

„Hallo Marietta… ich… äh…“

Marietta fiel ihr ins Wort:

„Elke, also gestern… das war ein echt heftiger Tag für mich. Sorry.“

Ihre Kollegin zeigte sich verständnisvoll

„Natürlich. Das verstehe ich, ich wollte nur sagen, dass ich… ich meine… ich fühle mit dir. Bitte sag mir, wenn ich dir irgendwie helfen kann.“

Es war also dann doch ernst. Ihre Chefs hatten beschlossen, ihr zu kündigen. Naja, was soll's. Angesichts der Probleme und Sorgen, die sie aktuell durchmachen musste, war das wohl eher eine Nichtigkeit. Zumal sie ihren Job sowieso nicht mehr mit der Hingabe verrichtet hatte, die sie selbst einst für angebracht hielt. Zu viel war in den letzten Monaten passiert. Nach dem Generationswechsel hatte sich die Firma einer – von einer Unternehmensberatung legitimierten – Umorganisation unterzogen. Die hatte zur Folge, dass gerade die positiv gewachsenen Strukturen aufbrachen und die verkrusteten, antiquierten Probleme eher noch verstärkt wurden. Die abnehmende Motivation führte umgekehrt proportional zu einer entsprechenden Fluktuation und all dem wurde mit Parolen und Schlagwörtern begegnet, die scheinbar aus irgendwelchen Wikipediaartikeln über Mitarbeiterführung abgekupfert worden waren.

Noch bevor Marietta ihrer Kollegin erzählen konnte, dass eine Kündigung für sie momentan nicht besonders dramatisch war, klingelte es an der Haustür und sie musste das Gespräch schnell beenden. Sie würde Elke später einmal anrufen, um nähere Details zu erfahren. Später, wenn es in ihrem Leben irgendwann einmal wieder ruhiger zuging. In diesem Augenblick war Ruhe für sie so weit entfernt, wie ein Sieg bei Germany's next Topmodel.

Sie eilte zur Tür und auf dem Weg dahin, wurde ihr schlagartig bewusst, dass sie immer noch ihren Schlafanzug anhatte. Sie hielt mitten im Schritt inne und rief zur Tür:

„Einen kleinen Moment bitte, ich muss mir erst noch etwas überziehen."

Sie schüttelte den Kopf, wer musste sie auch so früh am Morgen besuchen kommen? Wer dachte überhaupt, dass sie da sein könnte? Normalerweise war sie doch um diese Zeit schon längst auf dem Weg ins Büro. Sie zog sich kurz ihren limettengrünen Lieblings-Schlabberpulli an und schlüpfte schnell in die ausgewaschene Jeans. Durch das mehrtägige Tragen war diese gerade an ihren Körper angepasst und näherte sich gefühlsmäßig stark einer Jogginghose an. Dann stolperte sie nur mit Socken an den Füßen zur Haustür. Für Hausschuhe hatte die Zeit nun absolut nicht mehr gereicht.

Völlig außer Atem öffnete sie die Tür und hätte sie nicht bedingt durch den ganzen Stress nach Luft geschnappt, wäre ihr der Atem in diesem Moment sowieso gestockt. Sie konnte es sicher nicht verbergen. Alle ihre Gesichtszüge entgleisten völlig. Da stand mit einem überbetont besorgten Gesicht: Arne Karminski. Er schien ihre Fassungslosigkeit nicht zu bemerken oder ignorierte sie genauso, wie er früher ihre anderen Gefühlsregungen ignoriert hatte. Er stürmte auf sie los und umarmte sie derart heftig, als würde er versuchen, aus einer Ketchupflasche den letzten Tropfen herauszuquetschen. Sie hing völlig schlaff in seinem Würgegriff. Arne ließ sie los, nur um sogleich ihre beiden Oberarme mit seinen Händen zu umklammern, als wären sie aus Hartgummi. Er blickte sie direkt an und raunte ihr mit mitleidsgeschwängerter Stimme zu:

„Marietta, es tut mir so leid. Ich bin gleich hergekommen, als ich es heute Morgen gelesen habe. Du weisst ja, dass ich mich dir immer noch sehr verbunden fühle."

Bevor Marietta auch nur etwas erwidern oder über seine Worte nachdenken konnte, marschierte Arne schnurstracks in ihr Wohnzimmer.

Marietta schloss erst die Tür und dann ihren Mund. Sie war gelinde gesagt geschockt. Mit ihrem Exfreund hätte sie als Allerletztes gerechnet. Ja, es gab Zeiten, da hatte sie sich nichts sehnlicher gewünscht, als dass Arne zu ihr zurückkehren würde. Über Wochen ja Monate, hatte sie bei jedem Klingeln an Handy, Festnetz oder Haustür innerlich gehofft, es wäre ihr Herzblatt, der endlich seinen Fehler erkannt hatte und sie um Verzeihung bitten wollte. Die Tatsache, dass er jetzt zum ungünstigsten Zeitpunkt bei ihr aufgetaucht war, brachte sie derart durcheinander, dass sie fürs Erste keinen klaren Gedanken fassen konnte.

Hilflos schlurfte sie in ihr Wohnzimmer, wo es sich Arne schon auf dem Sofa gemütlich gemacht hatte. Breitbeinig saß er tiefenentspannt da und ließ seinen Blick umherwandern.

„Schön hast du es hier. Gemütlich. Richtig schnuckelig."

Was übersetzt wohl so viel hieß, wie: „Mickrige kleine Bude im Vergleich zu meinem durchgestylten, großen Loft."

Doch da Marietta gedanklich noch immer der Frage nachhing, was um alles in der Welt Arne hier machte, antwortete sie nur matt:

„Danke."

Das war für ihren Besucher Ermunterung genug, um weiterzusprechen:

„Naja, ich brauche dich wohl nicht zu fragen, wie es dir geht. Du siehst wirklich schrecklich aus."

Danke für das Kompliment, dachte Marietta. *Vielleicht könnte es daran liegen, dass du hier einfach unangemeldet frühmorgens auf der Matte stehst und ich keine Zeit hatte, mich vorher zu schminken, frisieren oder einfach nur zu waschen*?

Laut sagte sie aber nur:

„Naja…"

weiter kam sie nicht, denn Arne verschränkte die Arme hinter dem Kopf (eine Primatengeste, die den Chefstatus implizieren soll) und fuhr unbeeindruckt fort:

„Das ist doch auch nur mehr als verständlich. Außerdem bist du ja sowieso mehr der natürliche Typ. Das habe ich immer so an dir gemocht."

Das gab Marietta nun wirklich den Rest. Er hatte es wohl so sehr gemocht, dass er sie für eine wasserstoffblondierte Friseurin sitzen gelassen hatte, die unter ‚natürlich' wohl erdbeerroten Lippenstift und veilchenblauen Lidschatten verstand.

Sie setzte sich auf die andere Seite des L-förmigen Sofas und konnte sich nun nicht länger zurückhalten. Mit leicht sarkastischem Unterton meinte sie:

„Ich hatte deinen Frauengeschmack irgendwie anders in Erinnerung oder wie würdest du Peggy beschreiben?“

Arne war etwas verblüfft, ob dieses offenen Angriffs. Das war er von seiner braven und folgsamen Exfreundin nicht gewohnt. Tatsächlich hatte Marietta ihren Sarkasmus ihm gegenüber stets rücksichtsvoll unterdrückt, aber diese Zeiten waren vorbei. Er setzte sich aufrecht hin und erwiderte eine winzige Spur zu gelassen:

„Peggy? Tja, nun… äh… wir sind nicht mehr zusammen. Das hat einfach nicht wirklich gepasst.“

Da waren die Worte, die Marietta so lange sehnsuchtsvoll erwartet hatte. Und nun? Sie empfand überhaupt nichts dabei. Nicht mal ein Hauch von Schadenfreude. Es war ihr einfach egal. Nur aus purer Höflichkeit äußerte sie sich knapp:

„ Das tut mir leid für dich.“

Doch Arne winkte ab:

„Das braucht dir nicht leid zu tun, Marilein. Es ist besser so. Weisst du, sie war mir einfach intellektuell nicht ebenbürtig.“

Das wunderte Marietta dann doch und regte sie zu einem kurzen Grinsen an. Sie senkte allerdings dabei ihren Kopf, damit es ihr Gegenüber nicht erkennen konnte.

„Und wann genau, hast du das erkannt?“

Sie konnte sich diese Frage einfach nicht verkneifen. Arne wurde ein wenig verlegen und Marietta kostete die Situation voll aus.

Er blickte ebenfalls auf den Boden und stammelte:

„Naja, gemerkt habe ich das recht schnell aber... tja, du weisst ja wie das ist... ich habe es wohl erst nicht wahrhaben wollen... Sie ist...äh war... in manchen Bereichen etwas zu... nun ja... fordernd. Und als ich dann festgestellt habe, dass sie sich in gewissen Datingportalen des Internets tummelte, war es mit meiner Geduld endgültig vorbei. Ich habe sie schlichtweg rausgeworfen."

Unter normalen Umständen – wahrscheinlich noch vor wenigen Tagen – hätte sie sich vor Freude darüber kaum wieder eingekriegt. Aber statt sich vor Lachen auf dem Boden zu kringeln, tat ihr Arne einfach nur leid. Er hatte in seinem Leben einfach die falschen Prioritäten gesetzt. Und er hatte keine Ahnung davon, was wirklich wichtig war. Sie sagte ihm offen:

„Das war sicher das Beste, was du tun konntest. Du wirst sehen, irgendwann triffst du die Richtige."

Doch er rückte näher zu ihr, blickte in ihre Augen und raunte ihr zu:

„Ich glaube, das habe ich bereits."

Das machte sie nun wiederum sprachlos. Sein Kopf war ihr so nahe gekommen, dass sie ihn nun sehr genau mustern konnte. Er war deutlich gealtert. Seine Haarlinie hatte sich in den vergangenen Monaten noch weiter zurückgezogen. Es würde nicht mehr lange dauern und sie würde endgültig kapitulieren. Sein Bauchumfang hatte sich auch ein wenig vergrößert und insgesamt konnte sich Marietta einfach nicht erinnern, was sie an ihm jemals anziehend gefunden hatte. Sie wusste nicht warum, aber irgendwie verglich sie ihn instinktiv mit Pfarrer Glockner und da schnitt Arne nun mal nicht sehr gut ab. Dieser schien allerdings von ihrer Ablehnung nichts mitzubekommen. Er griff sich ihre Hand und meinte ernst:

„Marietta, weisst du, immer wenn so etwas schreckliches passiert, dann wird einem doch bewusst, was eigentlich im Leben zählt. Und als ich heute Morgen die Todesanzeige in der Zeitung gesehen habe, wusste ich, dass ich dich niemals hätte gehen lassen dürfen."

Marietta bekam von seinen letzten Worten rein gar nichts mehr mit. Sie war bei ‚Todesanzeige' ausgestiegen. Das Wort hallte in ihr nach und noch bevor sich die Puzzleteile in ihrem Kopf zu einem Bild zusammensetzen konnten, sprang sie auf und sagte:

„Bitte entschuldige mich für einen Augenlick."

Sie rannte die Treppe hinauf zur Wohnung ihrer Mutter und rief laut:

„Mama?"

Sie erhielt zwar keine Antwort, aber was sie sah, verschlug ihr für einen kurzen Moment den Atem. Die Wohnung befand sich wieder in ihrem ursprünglichen Zustand. Von den Billigmöbeln keine Spur. Selbst die Fotos waren wieder an ihrem angestammten Platz. Ganz offensichtlich hatte sich ihre Realität erneut verändert. Nun ergab das alles einen Sinn. Der Anruf von Elke, der mitleidsgeschwängerte Auftritt ihres Expartners. Sie hatten die Todesanzeige in der Zeitung gelesen und so erfahren, dass ihr Vater gestorben war. Das bedeutete, er war tatsächlich gestorben. Wieder tot. Sie konnte ihr Gefühlschaos nicht klar definieren, aber sie spürte definitiv eine merkwürdige Mischung aus Erleichterung und Trauer, gleichzeitig aber auch tiefe Freude. Ja, sie freute sich darüber, dass ihr Vater nun dort war, wohin er sich in den letzten schmerzerfüllten, leidensgefüllten Wochen hingesehnt hatte. Bei seinem Herrn Jesus Christus. Er hatte nun Frieden. Dort ging es ihm gut, das wusste Marietta. Ihre Mutter und er hatten eine wundervolle Ehe geführt und auch wenn sie ihn schrecklich vermissen würde, war es für Gloria sicher besser, wenn sie sich an die glücklichen Tage zurückerinnern konnte, anstatt ein einsames, verbittertes Leben zu führen, das immer von dem Bewusstsein bestimmt wurde, von ihrem Mann für eine andere, jüngere Frau verlassen worden zu sein.

Apropos für eine andere Frau verlassen worden zu sein. Schlagartig fiel ihr ein, dass in ihrer Wohnung immer noch Arne Karminski auf sie wartete. Seit er bei ihr aufgetaucht war, hatte sie versucht zu verstehen, warum er sie ausgerechnet heute aufsuchte, nun realisierte sie, dass er die Todesanzeige gesehen hatte und nun versuchte ihre emotionale Ausnahmesituation für sich auszunutzen. Das schockierte sie weit mehr, als die Tatsache, dass er überhaupt erschienen war. So eine miese Nummer hätte sie nicht mal Arne Karminski zugetraut. Sie fürchtete ernsthaft um ihre Bandscheiben, da sie sich noch nie tiefer hatte bücken müssen, um die Schublade zu öffnen, in die sie das Verhalten ihres Exfreundes stecken konnte. Sie spürte, wie die Wut in ihr aufstieg und eine beängstigende Übermacht zu bekommen drohte. Schnell stürmte sie die Treppen hinab und als sie Arne ganz entspannt auf dem Sofa sitzen sah, explodierte sie:

„Arne Karminski, wenn du denkst, du kannst mich demütigen, in dem du mich für eine andere Frau sitzen lässt, um dann – Jahre später – nach dem Tod meines Vater zurück zu kehren, als wäre nichts gewesen, dann irrst du dich gewaltig. Ich bin emotional äußerst stabil und kann dir auch in meiner tiefen Trauer durchaus widerstehen. So toll, wie du denkst, bist du nämlich nicht. Ich sehne mich keine einzige Sekunde zurück. Im Gegenteil, ich bin endlich in meinem Leben angekommen und bin glücklich. Ganz offensichtlich im krassen Gegensatz zu dir. Ich bitte dich nun zu gehen, bevor ich dir noch mehr Dinge an den Kopf werfe, die ich mit meinem Gewissen eigentlich gar nicht vereinbaren kann."

Arne war folgsam aufgestanden und offensichtlich mehr verwirrt als verletzt oder gar wütend. Er trottete neben Marietta her, die mit ihrem Vortrag weitermachte:

„Glaub mir, man kann die Zeit nicht zurück drehen. Das führt niemals zu einem Happy End. Ich danke dir für deine Anteilnahme und werde meiner Mutter natürlich Grüße ausrichten."

Sie öffnete die Tür und schob Arne quasi hinaus.

„Leb wohl, Arne. Ich wünsche dir alles Gute für die Zukunft."

Ohne auf eine Antwort zu warten, schloss sie die Tür und eilte zurück zum Sofa, weil sie befürchten musste, dass ihre Knie jeden Moment den Dienst quittieren könnten. Marietta ließ sich auf die Couch plumpsen und fühlte sich, als hätte sie gerade einen Halbmarathon hinter sich gebracht. Plötzlich spürte sie eine starke

Müdigkeit. Allerdings wurde sie gleich wieder hellwach, als ihr erneut bewusst wurde, was passiert war. Dieses warf jedoch einige neue Fragen auf: Bedeutete das nun, dass Gott ihr Gebet wiederum erhört hatte oder nur, dass sie endgültig komplett durchgedreht war? Mittlerweile hatte sie aber zu viel erlebt, um all das Geschehne als Hirngespinst abzutun.

Die letzten Tage hatten ihr Leben verändert. Hatten sie selbst verändert und trotz des großen Verlustes, spürte sie einen derart tiefen Frieden, den sie sich mit ihrem Verstand einfach nicht erklären konnte. Ihr Vater war tot. Das war immer noch traurig und wahrscheinlich würde sich das volle Ausmaß ihrer Trauer erst später noch gänzlich offenbaren. Dennoch war die Situation – anders als vor drei Tagen – nicht hoffnungslos.

Im Gegenteil. Jetzt hatte sie nicht nur die Hoffnung auf ein Wiedersehen, sondern wusste, dass es einen Gott, einen Himmel und die Auferstehung der Toten gab. Und es gab einen großen Plan für jeden Menschen, auch für Marietta, der so vielschichtig und ausgeklügelt war, dass man schon einen besonderen Überblick dafür brauchte. Und den besaß eben nur der Allmächtige selbst. Dass dieser Plan zu einem guten Ende führte, darauf wollte Marietta nun vertrauen. Der Plan des Meisters war gut – auch wenn es sich nicht immer so anfühlte. Diese Erkenntnis füllte sie mit neuer Energie. Sie verspürte den Drang, mit jemandem darüber zu reden. Und es gab auf dieser Welt nur einen Menschen, dem sie ihre irre Geschichte erzählen konnte, ohne mit einer Zwangseinweisung rechnen zu müssen und das war Johannes Glockner.

Bei dem Gedanken an den jungen Pfarrer huschte ein Lächeln über ihr Gesicht und sie fragte sich, wie wohl ihr nächstes Treffen verlaufen würde. Sie würde es bald erfahren. Entschlossen schnappte sie ihre Jacke und die Autoschlüssel und begab sich auf den Weg zum Pfarrhaus. Prall gefüllt mit Hoffnung und Zuversicht.

Epilog

Marietta räumte den Frühstückstisch ab und blickte aus dem Fenster. Sie liebte den Frühling. Die Zeit, in der das erste Grün sich wieder Bahn brach und das neue Leben endgültig über den Winter gesiegt hatte. Im Garten blühten die Osterglocken.

Jetzt war es schon fast ein Jahr her, seit ihr Vater gestorben war und immer noch überkam sie manchmal – völlig unerwartet und in den unpassendsten Augenblicken – eine derart starke Traurigkeit, die ihr fast körperliche Schmerzen bereitete. Dann musste sie sich immer mit ihrem gesamten Verstand dazu zwingen, sich daran zu erinnern, dass es ihrem Vater jetzt gut ging und er an einem besseren Ort weiterlebte. Man sagt nicht ohne Grund, dass das erste Jahr das schlimmste ist. Die ersten Geburtstage ohne Robert, das erste Weihnachten, an dem sein Platz leer blieb und nun würde das Osterfest auch ohne ihn gefeiert werden. Aber die Auferstehung von Jesus Christus würde Marietta dieses Mal so bewusst wie noch nie erleben.

Plötzlich wurde sie von hinten angestupst. Sie drehte sich um und sah Rover schwanzwedelnd vor sich stehen. Er blickte sie erwartungsvoll an und holte sie aus ihrer Gedankenverlorenheit heraus. Er wartete aufgeregt darauf, dass Marietta mit ihm Gassi ging. Johannes hatte dazu heute keine Zeit. Er war voll und ganz mit den Vorbereitungen für das Osterfest beschäftigt. Schließlich gab es da für einen Gemeindepfarrer viel zu tun: Passionsandachten,

Karfreitagsgottesdienst, Auferstehungsfeier und die Gottesdienste an Ostersonntag und -montag. Da hatte sie sich dazu bereit erklärt, den morgendlichen Gassigang zu übernehmen.

Bei dem Gedanken an Johannes huschte ihr immer noch ein verliebtes Lächeln über das Gesicht. Es war alles so schnell gegangen. Sie hatte sich ihm ja schon lange ganz nah gefühlt, aber nie hatte sie zu hoffen gewagt, dass er ihre Gefühle erwidern könnte. Aber es war offensichtlich so gewesen. Sie hatte sich ihm anvertraut und er hatte sie verstanden. Keinem anderen Menschen hatte sie ihre Geschichte jemals erzählt. Bis heute.

Sie hatten nicht lange mit der Hochzeit gewartet. Zum einen waren sie sicher, füreinander bestimmt zu sein und zum anderen war es für einen Pfarrer nur schwer möglich über einen längeren Zeitraum eine nicht offiziell legitimierte Beziehung zu leben. Worauf hatten sie warten sollen? Und bislang hatten es beide keine Sekunde lang bereut.

Natürlich war es für die Gemeinde eine nicht unerhebliche Herausforderung mit einer Pfarrfrau Vorlieb zu nehmen, die noch so frisch im Glauben war. Marietta konnte und wollte nicht mit Johannes verstorbener Frau konkurrieren. Maria Glockner war eine tolle Frau gewesen und ihr würde immer ein großes Stück seines Herzens gehören. Damit konnte Marietta mehr als gut leben. Sie hatte eine große Ehrfurcht vor dem Leben und Sterben dieser Frau.

Rover drängte nach draußen und Marietta freute sich auf den Spaziergang an der frischen Luft. Danach musste sie noch versuchen, einen Erdbeerkuchen zustande zu bringen. Den Biskuitboden dafür hatte sie zwar gekauft aber mit dem Rest musste sie selbst klar kommen. Backen war noch nie ihre große Stärke gewesen, aber es machte ihr zunehmenden Spaß. Sie entdeckte eine neue, häusliche Seite an ihr, die ihr noch vor wenigen Monaten wahrscheinlich große Angst eingejagt hätte. Doch nun hatte sie jemanden, für den sie das Haus herrichten, kochen, backen und sogar waschen konnte. Das machte einen riesigen Unterschied, zumal Johannes – im Gegensatz zu Arne – dafür unglaublich dankbar war und dort, wo er konnte, auch seinen Teil dazu beitrug.

Sie verfügte laut ihrem Mann über die Gabe der Gastfreundschaft und heute Nachmittag durfte sie diese auch ausleben. Hildegard und Bernhard würden mit Jana-Joy und Zoe-Marietta vorbeikommen. Zwischen den beiden Paaren hatte sich eine innige Freundschaft entwickelt und Marietta war Taufpatin der jüngsten Tochter der Familie Ströher geworden, die sogar nach ihr benannt wurde. Sie freute sich auf die kleinen Mädchen.

Mittlerweile konnte sie sehr wohl etwas mit Kindern anfangen und in letzter Zeit freundete sie sich sogar mit dem Gedanken an, eventuell selbst einmal Kinder zu haben.

Aber das musste sie ja zum Glück nicht jetzt und vor allem nicht alleine entscheiden. Auch hier vertrauten sie und ihr Mann ganz auf den Masterplan Gottes. Marietta lächelte. Sie verspürte wieder diesen unvernünftigen, übernatürlichen Frieden und die Gewissheit, dass irgendwie schon alles gut werden würde. Genau so, wie sie schon unzählige Male gebetet hatte: Sein Wille geschehe.

Danke

Mein herzlicher Dank geht an alle, die wissentlich oder unwissentlich zur Entstehung dieses Buches beigetragen haben.

Besonders dankbar bin ich meinem Mann und meinen Kindern, die mich bei diesem Projekt immer unterstützt haben. Ihr seid sowieso die Größten für mich!

Silke, Mirko und Susanne haben ihre kostbare Zeit geopfert, um dieses „Werk" auf Herz und Nieren zu prüfen. Dafür danke ich euch von ganzem Herzen. Ebenso möchte ich meinen „Testlesern" danken, die mich mit ihren Rückmeldungen so großartig ermutigt haben. Armin, du hast dich so differenziert und detailliert mit dieser Geschichte auseinandergesetzt, dass ich tief in deiner Schuld stehe. Ich bin unendlich dankbar für deine Wertschätzung, Anerkennung und den riesigen Zuspruch.

Zu guter Letzt bedanke ich mich bei allen, die dieses Buch gelesen haben und mir damit etwas Unbezahlbares geschenkt haben: ein kleines Stück ihrer Lebenszeit.

Und wer trotz all unserer Bemühungen noch einen Fehler finden sollte, darf ihn gerne behalten.

Soli Deo Gloria